Côte d'Azur

Klaus Simon

▶ Dieses Symbol im Buch verweist auf den großen Faltplan!

Bienvenue

Mein heimliches Wahrzeichen	4
Erste Orientierung	6
Schlaglichter und Impressionen	8
Geschichte, Gegenwart, Zukunft	12
Übernachten	14
Essen und Trinken	16
Reiseinfos von A bis Z	18

Unterwegs an der Côte d'Azur

Die Côte d'Azur 15 x direkt erleben

Von Marseille bis zu den Îles d'Hyères — 30

Marseille 30   Cassis 39
La Ciotat 42   Bandol 46
Sanary-sur-Mer 49   Toulon 53   Hyères 55
Halbinsel von Giens und Îles d'Hyères 56

direkt 1 ▶ **Krimischauplatz und Daily-Soap-Location – der Panier** — 34
Ein Streifzug durch die schillernde Altstadt von Marseille.

direkt 2 ▶ **Calanques – Küstenwanderung nach Cassis** — 40
Zu den unberührtesten Buchten am französischen Mittelmeer.

direkt 3 ▶ **Höhentaumel – die Route des Crêtes** — 44
Hochgefühle auf den majestätischten Klippen der Côte d'Azur.

direkt 4 ▶ **Provence en miniature – bei La Cadière-d'Azur** — 47
Ein Ausflug durch Olivenhaine und Weinberge.

direkt 5 ▶ **Deutsche Exilanten – Spurensuche in Sanary-sur-Mer** — 50
Wo Bertolt Brecht im Café sang und Thomas Mann Hof hielt.

direkt 6 ▶ **Insel aktiv – Schnorcheln und Wandern auf Port-Cros** — 58
Zu Besuch in Frankreichs erstem maritimen Nationalpark.

Von Le Lavandou bis St-Raphaël — 61

Bormes-les-Mimosas 61   Le Lavandou 62
Corniches des Maures 62   St-Tropez 65
Gassin 72   Ste-Maxime 72   Fréjus 76
Massif d'Estérel 77   St-Raphaël 77

direkt 7| **Präsidentenstrände – Badeidyllen am Cap Brégancon** 63
Unberührte Sandbuchten zeigen ein Bild der Côte d'Azur
vor dem Sündenfall in Beton.

direkt 8| **Wanderung von Collobrières zur Chartreuse de la Verne** 68
In den Kastanienwäldern des Maurenmassivs sagen sich
Schäfer und Wanderer Gute Nacht.

direkt 9| **Schildkröten aufpäppeln – Le Village des Tortues** 70
In der Rettungsstation hat der Schutz der Hermann-Schildkröte
oberste Priorität.

direkt 10| **La Vie en rose – vom Aufstieg des Rosé** 73
Lange verschmäht, ist der Rosé de Provence heute ein
Kultwein von internationalem Rang.

Von Cannes bis zur Mündung des Var 78

Cannes 78
Grasse 85
Gorges du Loup 89
Vence 90   Antibes 91

direkt 11| **Roter Teppich das ganze Jahr – La Croisette** 79
Die eleganteste Uferpromenade der Côte d'Azur ist
ein Laufsteg der Eitelkeiten.

direkt 12| **Fragonard, Molinard, Galimard – Parfum in Grasse** 86
In den Ateliers der großen Parfumeure kann man seinen
höchsteigenen Duft kreieren.

direkt 13| **Meisterwerke mit Meerblick – Musée Picasso** 93
Der legendäre Maler hinterließ der Stadt Antibes seine Bilder.

Nizza, Monte-Carlo, Menton 96

Nizza 96
Villefranche-sur-Mer 103
Monaco/Monte-Carlo 104
Roquebrune 105   Menton 106

direkt 14| **Ein Hauch Italianità – die Altstadt von Nizza** 99
›Nissa la bella‹ gibt sich italienisch.

direkt 15| **Die Gärten von Garavan – kleine Paradiese in Menton** 108
Pflanzenoasen, in denen sogar Bananen gedeihen.

Sprachführer 112
Kulinarisches Lexikon 114
Register 116
Autor, Abbildungsnachweis, Impressum 120

Bienvenue
Mein heimliches Wahrzeichen

Cannes schreibt sich mit einem großem C – wie Croisette, Cash und Creditcard. Am Strand kostet die Liege soviel wie ein Mittagessen, im Palasthotel die Nacht so viel wie eine Woche Pauschalurlaub. Cannes trägt dick auf, auch beim Lack, mit denen die Stühle an der Croisette jedes Jahr aufs Neue sommerfest gemacht werden. Zu Hunderten stehen sie herum. Man sucht sich sein Plätzchen im Schatten einer Königspalme, sitzt entspannt mit *vue sur mer* und – Achtung, jetzt's kommt's – umsonst. Die Stühle gehören der Stadt.

Erste Orientierung

Riviera oder Côte d'Azur?

Schlicht »Riviera« nannten Erika und Klaus Mann 1931 ihr Reisebuch über die französische Mittelmeerküste von Marseille bis ins italienische Ventimiglia. Was einige Verfechter der in ihren Augen allein selig machenden Riviera aufheulen lässt. Für sie darf sich allein die mit Palasthotels, Strandclubs und Uferpromenaden ausstaffierte Küste von La Théoule-sur-Mer bis Menton Riviera nennen. Auch Marseille, Cassis, La Ciotat finden trotz der Lage am Mittelmeer als Côte d'Azur-Orte nicht in jedermanns Augen Gnade. Die drei Orte lägen an der Côte de Provence heißt es bisweilen. Hinter den Haarspaltereien stehen konkrete Verwaltungsgrenzen. Die Côte de Provence entfällt auf den Küstenstreifen des Departements Bouches-du-Rhône, die Côte d'Azur gehört je nach Lesart zu den Departements Var und Alpes-Maritimes, die Riviera hingegen ausschließlich zum Departement Alpes-Maritimes. Dieses Buch hält es mit den Manns: Im Westen beginnt die Côte mit Marseille, im Osten stößt sie bei Menton auf die italienische Grenze.

Brückenkopf nach Afrika

Marseille (▶ A/B 6/7) zählt 170 *villages* behaupten die Marseillais. Gemeint sind die Quartiers der Hafenstadt, die in vielen Vierteln wie ein provenzalisches Dorf daherkommt, allerdings mit Zugang zu Strand und Kais. Zu den schönsten Überraschungen von Marseille aber gehören die verbummelte Côte Bleue im Westen und noch mehr die Calanques, zwei Dutzend grandiose Felsbuchten im Osten, die fast alle auf dem Gebiet des 8. Arrondissements liegen.

Provence am Wasser

Zwischen der Hafenmetropole Marseille und dem Flottenstützpunkt **Toulon** (▶ E 7) bestimmen dramatische Steilklippen und zauberhafte, in Weinberge eingebettete Hafenstädtchen die Küste. Aus dem Hinterland prägt die Provence mit Boulespiel, Siesta und Nachbarschaftsschwatz den Alltag. Toulon selbst wirkt auf den ersten Blick nicht sehr einladend, verblüfft jedoch mit einer verschachtelten Altstadt inklusive charmanter, von Platanen beschatteter Plätze. Auf dem Cours Lafayette findet zudem bis auf Montag täglich der bestbeschickteste und farbenfrohste *marché provençal* an der Côte d'Azur statt.

Der Westen: Die Côte d'Azur vor dem Sündenfall in Beton

Kleine, familiäre Badeorte, manchmal nicht viel größer als die Handvoll 2- bis 3-Sterne-Hotels nebst Restaurant am Strand, prägen das Bild zwischen **Bormes-les-Mimosas** (▶ G 6/7) und der **Estérel-Küste** (▶ K 4). Im Schatten von Mauren- und Estérel-Massiv erweist sich die westliche Côte d'Azur als halbwegs resistent gegen den weiter östlich an der Riviera grassierenden Snobismus-Virus. Bewaldete Hänge wechseln mit versteckten Felsbuchten und überschaubaren Hafenstädtchen. Es geht spürbar unaufgeregter und familiärer als weiter östlich an der prestigeträchtigen Riviera zu. Traditionelle Erwerbszweige wie Fischerei und Weinbau haben ihre Berechtigung im Alltag, wenn auch die Fischer seltener werden.

Dafür erleben die Weine von Cassis, Bandol oder den Coteaux varois einen enormen Qualitätsschub. Ganz ohne Jet-

Erste Orientierung

set und Glamour geht es natürlich auch an der westlichen Côte d'Azur nicht. So in **St-Tropez** (▶ J 5/6) – eigentlich nur ein Fischerdorf, aber eben eins, wo die Jachten so groß, die Partys so lang, die VIP-Listen so prominent sind wie sonst an kaum einem anderen Ort der Welt.

Im Osten: Glamour und Luxus

La Grande Côte, la Côte classique – die Titel variieren. In **Cannes** (▶ K/L 3) beginnt das Paradies aus Sonne und Meer – und Beton, sagen böse Zungen, denn nach dem fulminanten Auftakt in Cannes ist ein Ende der Mega-Ferienstadt bis zur Mündung des Var – und über seine Ufer hinaus – nicht abzusehen.

Fast deckungsgleich mit den Verwaltungsgrenzen der Departements Var und Alpes-Maritimes verändert sich das landschaftliche Gesicht der Côte. Nach den kleinen Felsbuchten im Westen holt der Golfe de Napoule einladend aus. Sandstrände, so weit die Badehandtücher reichen, auch am Golf von Juan und am **Cap d'Antibes** (▶ L 3). Die Dörfer des Hinterlandes rücken mit ihren Strandablegern hart an die Wasserkante. Ortsgrenzen verschwinden, wo sich Stadt an Stadt beinah nahtlos anschließt. Dazwischen fungieren piniengrüne Kaps als exklusive Hideaways einer Internationale aus Industrie, Finanzwelt, Adel und Showbusiness.

Mit Blick nach Italien: Riviera-Trio

Drei Städte, drei Welten: **Nizza** (▶ M 2) kommt mit engen Gassen und Wäsche an der Leine mal italienisch, mal weltläufig mit eleganter Uferpromenade daher. **Monaco** (▶ N 2) setzt auf den Glanz des Fürstenhauses – und die viele Multimillionäre, die in den Hochhaustürmen von **Monte-Carlo** ihr Steuerparadies gefunden haben. **Menton** (▶ N 1) scheint nicht nur am Wochenende fest in der Hand italienischer Touristen, die in der Zuckerbäckerarchitektur der Strandhotels, den Zitronengärten mitten in der Stadt und der ligurisch geprägten Altstadt die ›wahre‹ Riviera suchen. Und dem Strandleben ebenso gern in die *villages perchés,* die Adlerhorstdörfer im Hinterland oder die fast gewalttätige Schönheit der Südalpenausläufer fliehen.

St-Tropez – sicherlich das teuerste und prominenteste Fischerdorf der Côte d'Azur:

Schlaglichter und Impressionen

Ein Name als Programm

Die Geburtsstunde der Côte d'Azur fällt in die Steinzeit des Tourismus. »Côte d'Azur« heißt das Buch, das Stéphen Liégeard 1887 über seine sonnige Wahlheimat veröffentlicht und das ihr den zugkräftigen Namen verlieh. Von nun an ging's steil bergauf – »die blaue Küste« ist seit über 120 Jahren Tummelplatz der Schönen und Reichen, Glamour unter ewiger Sonne, Bühne für freizügige Genüsse – und eine der teuersten Urlaubsregionen überhaupt.

Importierte Exotik

Reisende brachten im 19. Jh. erste Tropenpflanzen aus den Kolonien mit und ausländische Besucher ihre Vorliebe für alles exotische Grün an die Côte d'Azur. Die Bananenstaude stammt aus Äthiopien, die Agave aus Südamerika, der Eukalyptus und die Mimose aus Australien. Vom Dutzend an der Côte d'Azur verbreiteten Palmenarten stammen die Bekanntesten aus dem Südosten und von der Westküste Nordamerikas sowie von den Kanarischen Inseln. Bougainvilleen wurden aus Südamerika und Nordafrika eingeführt. Die weiß blühende Euryops stammt wie die blaue Kapmargarite aus Südafrika. Von seinem Mexiko-Feldzug schließlich brachte Napoleon III. den Feigenkaktus mit.

La Côte ›Béton‹

Keine Verordnung scheint bislang die Bauwut an der Côte d'Azur eindämmen zu können. Ausnahmen sind Enklaven wie die unter Naturschutz stehenden Îles d'Hyères oder die von der Küstenschutzbehörde streng überwachten Strände von La Londe-des-Maures bis zum Cap Bénat. In Ermangelung eines umfassenden Nutzung- und Bebauungsplans kocht ansonsten jeder Bürgermeister sein eigenes Beton-süppchen. Das unliebsame Schlagwort ›Côte Béton‹ schreckt indes niemanden ab. Es wird allerorten kräftig weitergebaut. Und so schießen die Hotel- und Apartmenttürme munter weiter in die Höhe. Beim Anblick des piniengrünen Cap d'Antibes oder angesichts der Unberührtheit der Halbinsel St-Tropez' sind die Bauexzesse schnell vergessen.

Hotelpaläste

›Palace‹ heißen die Hotellegenden der Belle Époque und des frühen 20. Jh. mit so klingenden Namen wie Majestic, Martinez oder Négresco. Luxus unterm Lüster, Teppichböden, in die man zentimetertief versinkt, Stuck, schwere Fauteuils und die blitzenden Knöpfe an der Uniform des Hotelpagen – das alles kostet viel Geld. Was den zahlungskräftigen Gästen aus Filmstars, Ölmilliardären, Industriellen, Societygrößen herzlich egal ist. Uns Normalsterblichen bleibt die Nebensaison mit Wochenend- und Schnupperpauschalen. Oder die Hotelbar, an der der Drink sündhaft teuer, aber angesichts des dazugehörigen Einblicks in die Welt der Schönen und Reichen jeden Cent wert ist.

Kunst an der Côte

Den Ausschlag gab das Licht: Das unendliche Blau zog seit Ende des 19. Jh. die künstlerische Avantgarde Europas

Schlaglichter und Impressionen

an die Côte. Wer einmal die Explosion der mediterranen Farben auf die Leinwand gebannt hatte, kam immer wieder – Cocteau, Dufy, Matisse, Manet, Yves Klein und natürlich Picasso. Die Côte galt bis in die 1960er-Jahre als so jung und verwegen wie die sich nacheinander ablösenden Strömungen vom Impressionismus bis zur freien Figuration. Kunsttrends werden heute zwar woanders gemacht, doch der Côte blieb eine enorme Hinterlassenschaft aus den Ateliers all jener Künstler, die ihre Verbundenheit mit der französischen Riviera durch Schenkungen und Stiftungen zum Ausdruck brachten – macht eine Museumslandschaft der Superlative.

Pastis

Pastis ist provenzalisch und bedeutet Mischung. In diese Mischung gehören grüner Anis, Lakritz, Fenchel, Muskat, Vanille, Zimt, Zucker und 45-prozentiger Alkohol. So schreibt es das Rezept vor, mit dem Paul Ricard in den 1930er-Jahren von Marseille aus die Bars der Provence eroberte. Der Pastis ist Grundlage etlicher Mischdrinks: Eine *momie* (Mumie) ist ein winziges Gläschen Pastis, ein *perroquet* (Papagei) eine Pastis-Minzsirup-Mischung, eine *tomate* eine Mischung aus Pastis und Granatapfelsirup, für die *mauresque* (Moriske) hingegen wird Mandelmilchsirup zugegeben.

La Sieste

»Faire la sieste« – eine ausgedehnte Mittagspause zu machen, zählt zu den Riten des Midi. Besonders im flirrend heißen Sommer ist das Dösen im wohligen Schatten oder hinter geschlossenen Fensterläden die einzig richtige Taktik, mit dem Übermaß an Sonne umzugehen. Was bedeutet, dass manche Hotelrezeptionen zwischen 13 und 16 Uhr verwaist, die Rolläden an vielen kleinen Läden unten sind und das Leben für ein paar heiße Stunden ganz langsam verläuft. Um so putzmunterer geht es abends zu. Die Läden bleiben lange geöffnet, und im Restaurant beginnt der zweite Service gegen 22 Uhr.

Mittelmeer

Viel wurde allerdings in den vergangenen 20 Jahren zur Rettung des Ökosystems unternommen. Dazu zählen Kläranlagen und Artenschutz. Schon seit Anfang der 1980er-Jahre steht der Zackenbarsch unter Schutz – der für das Mittelmeer typische Fisch drohte wegen Überfischung auszusterben. In den Felsspalten verstecken sich die sogenannten *poissons de roche*, Rotbarben und Drachenkopf etwa. Seeanemonen, Muräne, Meeraal, Tintenfisch und Quallen bevölkern ebenfalls das unterseeische Felsreich. Das wogende Neptungras der Posidonienwiesen bevorzugen Streifenlippfisch, Sägebarsch und Goldstriemen. Seesterne und Langusten sind Einzelgänger, Seehecht, Thunfisch, Gabelmakrele tauchen in Schwärmen auf. Die größte Bedrohung geht zur Zeit von einer Alge aus: die aus den Tropen ins Mittelmeer eingeschleppte *Caulerpa taxifolia* erstickt die Posidonienwiesen.

Waldbrände

Besonders katastrophal wüteten die Feuersbrünste im Jahr 2003: die seit 1976 schwersten Waldbrände im Departement Var vernichteten beträchtliche Teile des Mauren-Massivs. Schnell gewann das Grün wieder die Oberhand über verkokelte Stämme, immerhin. Doch noch heute erinnert man sich in St-Tropez an die rußschwarzen Wolken über dem Hafen und die am Kai auf gepackten Koffern sitzenden Urlauber.

9

Schlaglichter und Impressionen

Daten und Fakten

Fläche: 10 267 km² (für die Departements Var und Alpes-Maritimes)
Bevölkerungszahl: 2,1 Mio. Einwohner (für die Departements Var und Alpes-Maritimes), Frankreich zählt insgesamt 60,7 Mio. Einwohner
Bevölkerungsdichte: 143,5 Einwohner/km² (für die gesamte Region Provence-Alpes-Côte d'Azur, am 300 km langen Küstensaum über 300 Einwohner/km²), in ganz Frankreich 107 Einwohner/km²
Hauptstadt: Marseille (nach Paris und Lyon drittgrößte Stadt Frankreichs)
Departements: Bouches-du-Rhône (Marseille), Var (Toulon), Alpes-Maritimes (Nizza)
Wirtschaft: Wichtigster ökonomischer Faktor ist der Tourismus mit 66 Mio. Übernachtungen im Departement Var und 70 Mio. in den Alpes-Maritimes. 80 % des Bruttosozialprodukts wird durch Dienstleistung und Handel erwirtschaftet. Weitere wichtige Branchen sind Informatik, Elektronik, Telekommunikation, Bio-Tech und Pharmazie. Die Landwirtschaft ist auf Wein, Obst, Gemüse und Blumen spezialisiert.

Provenzalisch

»Qué pastis!« – so was aber auch! – heißt es an der Bar und sonstwo, wenn man auf Provenzalisch sein Erstaunen ausdrücken möchte. *Dormiasse* bezeichnet einen Langschläfer, *ensuqué* jemanden, der langsam denkt, *fada* jeden Verrückten. *Cagnard* ist die Sonne, *pescadou* der Fischer. Ein paar Brocken Provenzalisch sind im Alltag nicht wegzudenken. Damit gibt man sich als Einheimischer zu erkennen, und bekennt sich zu seinen Wurzeln.

Mistral

Der mächtige Nordwind putzt den Himmel blitzblau. Im Winter und im Frühjahr aber pfeifft er mit kalten Hauch die Terrassen leer. Surfer und Segler lieben ihn natürlich trotzdem. Vermutlich entsteht der Mistral aus einem Ungleichgewicht zwischen einem Tiefdruckgebiet über dem Golfe de Lion und einem Hochdruckgebiet nördlich vom Zentralmassiv. Mit bis zu 200 km/h schnellen Böen bläst er über die Côte d'Azur.

Pétanque

La Ciotat behauptet für sich, die Wiege des Spiels zu sein: *Les Pieds tanqués,* verballhornt zu *Pétanques* (mit den Füßen nebeneinander) soll die Spielanleitung eines gewissen Jules-le-Noir gelautet haben, als er 1907 in dem Hafenstädtchen die Kugeln rollen ließ. Zum prägenden Phänomen wurde das Spiel erst in den 1960er-Jahren mit der Rückkehr Zigtausender Algerienfranzosen. Seither gilt: Keine Uferpromenade ohne Bouleplatz.

Feste

Die schönsten Votivfeste werden mit einer *bravade* begangen, bei der der Heilige feierlich durch die geschmückten Gassen getragen wird. Die Träger sind Männer aus dem Ort, die sich zuvor in bunte Matrosen-, Musketier- oder Husarenkostüme geworfen haben. Während der *bravade* knallen Salutschüsse. Trommler und Pfeiffer sorgen für Musik. Der Pfarrer segnet Dorf und Bewohner ab und mit an Sicherheit grenzender Wahrscheinlichkeit wird ein Festbankett

Schlaglichter und Impressionen

eröffnet. Auch beim *corso fleuri* wird prächtig durch den Ort gezogen, diesmal jedoch mit blumengeschmückten Wagen, auf denen überlebensgroße Figuren schaukeln.

Bäderarchitektur

Cannes, Monte Carlo oder Menton trumpfen mit einer Uferfront auf, die an pompösen Palästen und Exotik ihresgleichen suchen. Russische Fürsten ließen sich im Nizza des 19. Jh. Villen »im russischen Stil« und die am Moskauer Kreml angelehnte Kathedrale St-Nicolas bauen. Wer als betuchter Europäer die Grand Tour durch die Schweiz, das Rheintal, Ägypten, vielleicht auch Indien absolviert hatte, wollte an der Riviera demonstrieren, wohin die Bildungsreise geführt hatte. So entstanden die neomaurische Villa Djezair in Juan-les-Pins, die neogotischen Schlösser Château Scott in Cannes und Château de Turenne in La Théoule, das an einen Maharajapalast erinnernde Château des Anglais in Nizza, das Hôtel Métropole als Louis-XVI-Imitat und die vermeintlich altgriechische Villa Kérylos in Beaulieu-sur-Mer. Nach dem Ersten Weltkrieg begann der Siegeszug der Sachlichkeit. Mit dem in purem Art déco vollendeten Palais de la Méditerranée klang 1929 in Nizza die große Zeit der Bäderarchitektur aus.

Keine Uferpromenade ohne Bouleplatz

Geschichte, Gegenwart, Zukunft

Griechen und Römer

Griechen gründen um 600 v. Chr. das Handelskontor Massalia – Marseille. Weitere Siedlungen wie Antipolis (Antibes) und Nicäa (Nizza) entstehen. Als Massalia 125 v. Chr. die Römer um Hilfe gegen einen keltischen Einfall bittet, helfen diese bereitwillig. 80 v. Chr. wird der gesamte Küstenbereich römische Provinz. Das Christentum wird Staatsreligion. Auf den Lérins-Inseln gründet der aus Trier stammende hl. Honoratius 410 ein Kloster. Zugleich beginnt der Niedergang des Römischen Reichs. Vandalen, Westgoten, Ostgoten und Franken verheeren das Gebiet.

Turbulentes Mittelalter

Ab dem 7. Jh. bedrohen die in Spanien herrschenden Sarazenen Südfrankreich. 838 wird Marseille geplündert. 883 setzen sich arabische Piraten im Massif des Maures fest. Erst 974 gelingt Wilhelm Graf von Arles die Vertreibung. Für Jahrhunderte bleibt die Region Spielball der Grafen von Arles und Avignon, von Barcelona und Toulouse, von Anjou und Savoyen. Den wechselnden Besitzverhältnissen ein Ende setzt 1481 die Übernahme der westlichen Côte d'Azur per Erbschaft durch die französische Krone. Der östliche Teil bleibt bei Savoyen.

Ancien Régime

Im 17. Jh. spitzen sich die Auseinandersetzungen zwischen der französischen Krone und den Territorialfürsten der Provence zu. Ludwig XIV. greift hart durch. 1660 besetzen seine Truppen Marseille, 1707–13 Nizza. Frankreich bekommt am Ende des Grenzkonflikts mit Savoyen das Tal von Barcelonette zugeschlagen. Ludwig XIV. lässt die Grenzen der Provence mit Festungsbauten sichern. Die Große Pest von 1720 fordert 100 000 Tote.

Revolution und Napoleon

Bürgerkriegsähnliche Zustände markieren das Jahr 1793: das Departement Var revoltiert gegen die blutrünstigen Jakobiner in Paris und öffnet der englischen Flotte den Hafen von Toulon. Nach dem Sieg Napoleons über die alten europäischen Mächte wird Nizza bis 1814 französisch. Napoleon sorgt am Ende seines Zeitalters noch einmal für Unruhe. 1815 verlässt der ins Exil verbannte Ex-Kaiser Elba, geht in Golfe-Juan an Land und marschiert durch das Var-Tal auf Paris, um endgültig zu scheitern. Nizza wird dem Königreich Sardinien zugeschlagen.

Das Winterreiseziel des 19. Jh.

1834 strandet Lord Brougham, ehemaliger Schatzkanzler der Queen von England, in Cannes. Ihm folgen betuchte Briten, angezogen vom milden Klima. Richtig los aber ging es erst im Dezember 1887. »Côte d'Azur« hieß das Buch, das Stéphen Liégeard, Winzersohn aus Burgund in Anlehnung an die heimische Côte d'Or veröffentlichte. Die französische Mittelmeerküste hatte endlich einen marketingfreundlichen Namen.

1860 wird die Grafschaft Nizza per Volksabstimmung französisch und verschmilzt mit Grasse zum Departement Alpes-Maritimes. Notorisch pleite ist das benachbarte Fürstentum Monaco. Zur Linderung der Misere wird Roquebrune an Frankreich verkauft. Die Lösung kommt in Form der Société des Bains de

Geschichte, Gegenwart, Zukunft

Mer. Was offziell als Meeresbädergesellschaft gegründet wird, ist ein kluges Konzept zur Anhäufung von Geld durch Glücksspiel und Amüsement.

In den 1890er-Jahre entdecken Maler die Küste des Lichts: Paul Signac in St-Tropez, Paul Cézanne und George Braque in L'Estaque. Die Côte etabliert sich als Mekka der modernen Kunst.

Vom Ersten Weltkrieg zu den 30 Glorreichen

Mit dem Ersten Weltkrieg gehen an der Côte d'Azur die Lichter aus. Aus Palasthotels werden Lazarette. Nach 1918 ist die alte europäische Klientel ruiniert. Dafür entdecken Amerikaner die Côte — 1925 lanciert der Multimillionär Gould den Badeort Juan-les-Pins. Die Mode ›gesunder‹ Bräune wird lanciert. In Cannes öffnen 1931 die Hotels erstmals im Sommer. Das Jahr 1936 markiert eine Demokratisierung des Badevergnügens: die sozialistische Regierung in Paris führt den bezahlten Urlaub ein.

Der Zweite Weltkrieg wirkt sich anfangs für den französischen Süden kaum aus. Erst am 11. November 1942 wird auch die Provence-Côte d'Azur von deutschen und italienischen Truppen besetzt. Im Hafen von Toulon versenkt die französische Marine zuvor die eigene Flotte. Am 15. August 1944 beginnt an den Stränden des Departements Var die Landung der Alliierten, der Bombardements von Marseille und Toulon vorangehen.

Les 30 glorieuses heißen die 3 Jahrzehnte nach dem Zweiten Weltkrieg, in denen die mondäne Côte d'Azur ihren Betrieb als Tummelplatz der Schönen und Reichen wieder aufnimmt. Gleichzeitig schnellen die Urlaubzahlen in die Höhe. Die Küste gerät unter den Druck der Immobilienwirtschaft. Das böse Wort von der »Côte Béton« (s. S. 8) macht die Runde.

Gegenwart

Am Ende des Algerienkriegs 1962 treffen Hunderttausende ehemaliger Kolonialfamilien und Nordafrikaner an der Côte d'Azur ein. In den 1970er-Jahren kommen Scharen von Gastarbeitern aus den Maghreb-Staaten. Altstadtquartiere von Marseille, Toulon oder Grasse verwandeln sich in Souks. Die 1980er-Jahre stehen im Zeichen des Niedergangs der klassischen Industrien. Nicht nur in La Ciotat schließen die Werften.

Um so wichtiger wird der Tourismus. 2001 eröffnet die TGV-Linie Méditerranée, der die Côte d'Azur auf gut 3 Stunden an Paris heranrückt. Neben dem Urlaubstourismus wächst der geschäftlich bedingte Reiseverkehr. Allein in den Alpes-Maritimes zählt man 1,8 Mio. Geschäftsreisende und 400 000 Kongressteilnehmer pro Jahr.

Zukunft

Die Region setzt verstärkt auf den Ausbau von Hightech-Zentren wie dem bei Antibes gegründeten Sophia Antipolis. So wird 2018 in Cadarache der internationale Forschungsreaktor Iter in Betrieb gehen, mit dem die Energieerzeugung durch Kernfusion technisch realisierbar werden soll. Der Fusionsreaktor wird unter Fachleuten nach der internationalen Raumstation ISS als das wichtigste Forschungsprojekt aller Zeiten bewertet.

Euroméditerranée heißt der städtebauliche Masterplan, mit dem Marseille bis 2012 die Altstadt saniert und den alten Hafen plus Industriebrachen in ein Dienstleistungs- und Hightech-Zentrum umbaut. Passend zum Ende der Arbeiten wird Marseille im Jahr 2013 Kulturstadt Europas.

Schließlich soll ab 2011 Frankreichs erster See- und Landgebiete umfasssender Nationalpark Form annehmen. Das geschützte Gebiet umfasst die Calanques, Cassis und die Route des Crêtes.

Übernachten

Das Angebot ist üppig und reicht von der Jugendherberge über die kleine Pension oder die Chambre d'hôte bis zum Luxushotel mit eigenem Bootsanleger. Die Sterne sagen in der Regel wenig über den Charme eines Hauses aus, sondern spiegeln Komfortstandarts wieder. Üblich sind Doppelbetten, heute seltener das klassische *grand lit* mit durchgehender Matraze. In der Regel gilt der Preis für das Zimmer – Alleinreisende zahlen so viel wie Paare.

Viele Hotels bieten Wochenend- oder Saisontarife an. Auch aktuelle Tagespreise können interessant sein – unbedingt nachfragen! Teuer wird es zur Hauptsaison (Juli/Aug.), in Ferienzeiten oder an langen Wochenenden. Es empfiehlt sich zudem, zu solchen Stoßzeiten rechtzeitig zu reservieren. In der Nebensaison sinken die Preise um etwa ein Drittel, im Winter bis auf die Hälfte.

Frühstück außer Haus

Das Frühstück ist im Zimmerpreis in der Regel nicht inbegriffen und kostet je nach Hotelkategorie 8–30 €. Als Gast hat man die Freiheit, ein Café um die Ecke zu suchen, um dort den Milchkaffee mit Croissant zu genießen – was obendrein günstiger ist als im Hotel.

Erste Orientierung

Die Fremdenverkehrsämter und Offices de Tourisme geben Übernachtungsverzeichnisse heraus, die im Internet nach Kategorien, Lage und Preisen durchforstet werden können. Alle einschlägigen Hotelführer bieten zudem im Internet ihre Dienste an, genannt seien etwa www.viamichelin.com oder www.gault-millau.com. Empfehlenswerte Hotelreservierungsdienste sind www.hrs.de oder www.frankreich-hotel.de.

Logis de France

Gepflegte Familienbetriebe, die man am gelbgrünen Kaminsymbol erkennt. Den Jahreskatalog gibt es gratis in jedem Mitgliedshotel oder gegen 7 € Portogebühr über Logis de France (83, av. d'Italie, 75013 Paris, Tel. 01 45 84 70 00, www.logis-de-france.fr).

Relais du Silence

Häuser, die in diesen Verband aufgenommen werden, garantieren himmlische Ruhe und gehobenen Standart (Relais du Silence, 17, rue d'Ouessant, 75015 Paris, Tel. 01 44 49 79 00, www.silencehotel.com).

Formule 1

Bei diesen Kettenhotels überzeugt in erster Linie der Preis. Die mit einem Doppel- und einem Einzelbett, Waschbecken, TV ausgestatteten Zimmer liegen an Autobahnen, Durchgangsstraßen oder in Industriegebieten, www.hotelformule1.com.

Weitere Low Cost-Ketten
B & B: www.hotel-bb.com
Etap Hotels: www.etaphotel.com

Chambre d'hôtes

Chambre d'hôtes heißt die französische Variante von Bed & Breakfast. Etliche Chambres d'hôtes erinnern an Luxusunterkünfte aus internationalen Inneneinrichtungsmagazinen. Sie heißen dann *Chambres d'hôtes de charme* und entsprechend hoch sind die Preise. Im schönsten Fall kommt bei der Chambre d'hôtes eine *Table d'hôtes* hinzu – die Möglichkeit, gemeinsam mit den Besitzern und anderen Gästen zu speisen. *Ferme-auberges* (Bauernhöfe, auf denen man speisen kann) sind v. a. im Hinterland zu finden. Manche bieten Gästezimmer und Ferienwohnungen (*gîtes*) an. Bei vielen *Chambres d'hôtes* und *Tables d'hôtes* kann man nicht mit der Kreditkarte bezahlen!

Vermittlungsorganisationen
Gîtes de France: Je nach Lage und Ausstattung werden die Ferienhäuser mit 1 bis 4 Kornähren klassifiziert, oder in der Edelkategorie »de charme« gehandelt.
Alpes Maritimes: 57, promenade des Anglais, 06011 Nizza Cedex 1, Tel. 04 92 15 21 30, www.gites-de-france-alpes-maritimes.com
Var: 37, av. Lazare Carnot, 83300 Daguignan, Tel. 04 94 50 93 93, www.gites-de-france-var.fr
Bouches-du-Rhône: Domaine du Vergon, 13370 Mallemort, Tel. 04 90 59 49 39, www.gdf13.com
Clévacances: halbstaatliche Organisation mit *Chambres d'hôtes* und Locations (Wohnungen/Häuser) – je nach Komfort mit 1–5 Schlüsseln, www.clevacances.com
Fleurs-Soleil: vornehmlich *Chambres d'hôtes*. Die Besitzer wohnen immer mit im Haus, max. 5 Gästezimmer. Garantiert gehobener Komfort und landestypischer Stil, www.fleurs-soleil.fr

Ferienhäuser

Bei **Pierre & Vacances,** dem größten französischen Immobilienanbieter, hat man die Wahl zwischen Feriendörfern, Residenzen, Hotels und Villen mit Selbstversorgung oder Hotelservice. Die Objekte befinden sich immer in bevorzugter Lage. Reservierungszentrale Tel. 01805 34 44 44, www.pv-holidays.de
Cuendet: www.cuendet.de
Inter Chalet: www.interchalet.com
Interhome: www.interhome.de
Lagrange Ferienwohnungen: www.lagrange-holidays.de
SPS Feriendomizile: www.feriendomizil.com

Camping

Vom luxuriösen Platz mit Pool, Tennisplatz, Showprogramm bis zum einfachen *camping municipal* (städt. Campingplatz) findet jeder eine Anlage nach seinem Geschmack. Oft werden neben den Zelt- und Stellplätzen auch Chalets und Mobilhomes angeboten. Für die Hauptsaison muss lange im Voraus reserviert werden. Ein Verzeichnis kann man beim regionalen Fremdenverkehrsamt anfordern (s. S. 20) oder man informiert sich unter www.campingfrance.com. Camping auf dem Bauernhof unter www.bienvenue-a-la-ferme.com.

Jugendherberge

Eine *Auberge de jeunesse* findet man in Marseille, Cassis, Fréjus, Nizza, Menton. Ein internationaler Jugendherbergsausweis ist erforderlich. Verzeichnis über die **Fédération Unie des Auberges de Jeunesse** bestellen, FUAJ, 27, rue Pajol, 75018 Paris, Tel. 01 44 89 87 27, www.fuaj.org

Essen und Trinken

Wenn Michelin oder Gault Millau ihre Auszeichnungen vergeben, regnen über keiner anderen Region Frankreichs so viele Sterne und Kochmützen wie über der Côte d'Azur. Für den Sieg der Mittelmeerküche bürgen prominente Sterneköche wie Ducasse in Monaco, Llorca in Nizza oder Tarridec in St-Tropez.

Es geht jedoch auch bodenständiger. Café oder Bar bedeutet soviel wie Kneipe. Für den Hunger zwischendurch gibt es Sandwich, Pizza, Salat. Für Petits fours und Kuchen geht man in einen Salon de thé. Abends, ab etwa 19.30 Uhr, schlägt die Stunde für das Restaurant. Entweder wählt man zwischen den Menüs oder man speist teurer à la carte.

Weniger streng an Mittags- und Abendzeiten halten sich Brasserien: Das Konzept heißt »durchgehend warme Küche«. Das Bistro hat einen Bedeutungswandel durchlaufen. Michelin-Stern und Bistro schließen sich schon lange nicht mehr aus. An die Herkunft des Bistros erinnert noch der im Gegensatz zum Restaurant weniger offizielle Rahmen. Immer größerer Beliebtheit erfreut sich die Bar à vin. Weine stehen im Vordergrund (viele werden glasweise angeboten), doch eine kleine Speisekarte gehört immer dazu.

Reservierung

Der Samstagabend und der Sonntagmittag sind in Frankreich für ein Essen außer Haus beliebt – entsprechend groß ist der Andrang. Viele Restaurants legen nach dem Ansturm Sonntagabend und Montag ihren Ruhetag ein. Den Tisch zu reservieren empfiehlt sich fast immer: Je renommierter der Chef de cuisine, desto schneller heißt es ›complet‹ – kein Platz mehr frei.

Preisniveau

Mittags speist man günstiger als abends. Auch feinere Adressen locken Mo–Fr mit einem Menü zu kleinem Preis (*menu de la semaine*, um 20 €). Viele Restaurants, Cafés oder Bistros bieten zudem ein Tagesgericht (*plat du jour*), oder eine *formule* an (Vorspeise plus Hauptgang oder Hauptgang plus Dessert, eventuell mit Café und/oder einem Glas Wein). Das Tagesgericht oder die *formule* kosten 12–20 €.

Abends steigen die Preise merklich. Um die 25–30 € sollte man für ein Menü (pro Person, ohne Getränke) kalkulieren. Entschließt man sich für ein Spitzenrestaurant, liegen die Preise im Mittelfeld bei 40–60 €. Kommt ein Michelin-Stern hinzu beginnt das Vergnügen nicht unter 60, bei drei Sternen nicht unter 100 €.

Restaurantkodex

Auch mit einer Reservierung setzt man sich nicht sofort, sondern überlässt es dem Kellner, einen Tisch vorzuschlagen – den man natürlich höflich ablehnen kann, um einen anderen Platz zu erbitten. Nachdem die Speisekarten verteilt sind, fragt der Kellner, ob man einen Apéritif wünsche. Hat man gewählt, gibt man der Bedienung, die mit »Monsieur!« oder »Madame!« angeredet wird, ein Zeichen.

Essen und Trinken

Für das Menü sollte man Zeit mitbringen. Die Abfolge von Vorspeise, Hauptgang, Dessert und Café erfordert etwa zwei Stunden. Die Rechnung wird am Schluss nur auf Aufforderung gebracht. Sie umfasst den Gesamtbetrag – getrennt zu bezahlen käme keinem Franzosen in den Sinn. Trinkgeld wird in der Rechnung ausgewiesen (*Service inclus*), ein paar Euro für den Service hinzuzufügen, ist jedoch üblich.

Spezialitäten

Neben der Bouillabaisse (s. u.) sind weitere Fischspezialitäten gegrillte Dorade, *loup au fenouil* (Seebarsch mit Fenchel), oder *supions,* kleine, in Mehl gerollte Tintenfische, die in Olivenöl fritiert werden. Auch *petites fritures,* winzige Fischchen, werden als Ganzes fritiert. Bei der *brandade de morue* handelt es sich um Stockfisch vom Kabeljau, serviert mit Knoblauch und olivenölbeträufelten Kartoffeln.

Sommertags erfrischt die *soupe au pistou,* eine Gemüsesuppe mit Knoblauch und Basilikum. Leicht und sommerlich ist auch eine *anchoiade*: Zur Anchovi-Olivenölpaste wird knackiges Gemüse zum Eindippen serviert.

Italienische Einwanderer haben die Pizza mitgebracht. In Nizza erinnern *socca,* ein Fladen aus Kichererbsenmehl, an die savoyisch-ligurische Herkunft. Mit den nordafrikanischen Einwanderern fanden auch Tajine, Taboulé und Couscous ihren Weg in die provenzalische Regionalküche.

Weine

Seit 1936 adelt das AOC-Prädikat (Appellation d'origine contrôlée) die Weine von Cassis. Vom blumigen Weißwein werden pro Jahr ganze 4000 hl gekeltert – aus den Sauvignon- und Marsannetrauben schmecken Kenner die Nähe zum Meer.

Ebenfalls zum Meer gewandt ist der AOC Bandol mit seinen Mourvèdre-Reben: ein Rotwein, der gut altert (10 bis 15 Jahre), und somit dem Schnelldurch-die-Kehle-Ruf der Provence-Weine widerspricht (s. S. 47).

Ganze 1000 hl jährlich sind vom AOC Bellet oberhalb von Nizza zu vermelden. Sein Renommee ist unter Kennern freilich groß, nicht zuletzt aufgrund seltener und extravaganter Rebsorten wie Rolle (weiß), Braquet und Folle Noire (rot).

An den Collines des Maures und auf der Halbinsel von St-Tropez werden fruchtige, durchaus raffinierte Rosés der AOC Côtes-de-Provence gekeltert, die es als Trendweine bis nach Paris geschafft haben (s. S. 73).

Bouillabaisse – viel mehr als ein Fischeintopf

Olivenöl, Fisch und Meeresfrüchte sind die Hauptbestandteile der regionalen Küche. Alle drei findet man in der Bouillabaisse, die als Spezialität Marseilles gilt: 5 bis 6 verschiedene Fischarten gehören in den Fischtopf, je nach Rezept kommen Muscheln oder Krebse hinzu. Dazu serviert man geröstetes Brot und Rouille, eine scharfe Sauce auf Peperoni-Basis, oder Aioli, eine Knoblauchmayonnaise. Allein die Zutaten begründen den Preis einer Bouillabaisse, die bei entsprechender Qualität ab 50 € aufwärts kostet.

Reiseinfos von A bis Z

Anreise

Flugzeug

Air France fliegt von 10 deutschen Städten via Paris oder Lyon nach Marseille und Nizza, Tel. 0180 380 38 03, www.airfrance.com. **Lufthansa** fliegt ab Düsseldorf nach Marseille, Tel. 0180 583 84 26, www.lufthansa.com.

German Wings fliegt ab Köln nach Marseille und Nizza, Tel. 09001 91 91 00, www.germanwings.de; **Air Berlin** fliegt ab Sylt, Hamburg, Hannover, Frankfurt, Köln, Stuttgart, Baden-Baden, München, Wien, Salzburg, Innsbruck, Zürich nach Nizza, Tel. D 01805 73 78 00, Tel. Ö 0820 73 78 00, Tel. CH 0848 73 78 00, www.airberlin.com.

Zug

Der **ICE** fährt von Frankfurt, Mannheim, Kaiserslautern, Saarbrücken, Köln (www. bahn.de), **Thalys** von Köln (www.thalys.com), **TGV** von München, Stuttgart, Karlsruhe, Augsburg (www.tgv-europe. de) nach Paris. Ab Paris-Gare de Lyon weiter mit TGV nach Marseille (3 Std.), Toulon (4 Std.), Nizza (5 Std.), Monaco (6 Std.), www.voyages-sncf.com.

Auto

Die A 6 führt bis nach Orange, weiter über die A 7 bis Marseille, die A 8 via Aix-en-Provence, Cannes, Antibes, Nizza, Monaco bis Menton. Die A 50 führt direkt an die Küste und folgt ihrem Verlauf ab Cassis bis Toulon. Beide Autobahnen verbindet die A 57 zwischen Toulon und Le Cannet-des-Maures. Ab Grenoble verbindet die panoramareiche Nationalstraße N 85 (Route Napoléon) die Seealpen mit der Côte d'Azur.

Autobahnen sind gebührenpflichtig (*péage*, zu zahlen mit Bargeld oder Kreditkarte). Vor Antritt der Reise sollte man sich einen Auslandsschutzbrief (Unfall, Krankheit, Diebstahl) besorgen. Deutsche sind mit der grünen Versicherungskarte gut beraten.

ADAC: deutschsprachiger Notdienst in Lyon, Tel. 08 25 800 822.

Über die aktuelle Lage auf den Autobahnen und Mautgebühren informieren **Autoroutes Sud de la Fance:** Tel. 08 36 68 10 77, www.asf.fr, und **Bison Futé:** Tel. 04 91 78 78 78, www.bison fute.equipement.gouv.fr.

Einreise und Zoll

Für EU-Bürger und Schweizer reichen Personalausweis oder Identitätskarte. Kinder und Jugendliche brauchen einen eigenen Pass oder Personalausweis, sofern sie nicht vor 2007 im Pass der Eltern eingetragen wurden. Auch EU-Bürger benötigen für einen Aufenthalt über drei Monate eine Aufenthaltsgenehmigung. Frei mitgenommen werden dürfen 10 l Spirituosen, 20 l andere alkoholische Getränke mit max. 22 %, 90 l Wein, davon max. 60 l Schaumwein, 110 l Bier. Bei Tabak liegen die Grenzen bei 800 Zigaretten, 400 Zigarillos, 200 Zigarren und 1 kg Tabak.

Feiertage

Neujahr (Jour de l'an)
Ostermontag (Lundi de Pâques)
1. Mai (Tag der Arbeit)
8. Mai (deutsche Kapitulation 1945)

Reiseinfos von A bis Z

Christi Himmelfahrt (Ascension)
Pfingstmontag (Lundi de Pentecôte)
14. Juli (Fête nationale)
15. Aug. Mariä Himmelfahrt
1. Nov. Allerheiligen (Toussaint)
11. Nov. Waffenstillstand 1918
19. Nov. Nationalfeiertag Monaco
25. Dez. Weihnachten (Noël)

Feste und Festivals

Fête du Mimosa: Mitte Feb., in Mandelieu. Zehntägiges Fest in der Stadt der Mimosen. Blumenwagenkorso.
Fête du Citron: Feb., in Menton. Seit 1929 veranstaltetes Zitronenfest, www.feteducitron.com.
Corso fleuri: 3. Feb.–So. in Bormes-les-Mimosas. Prächtiger Blumenumzug. Am Schluss regnet es zur *bataille des fleurs* Blumen.
Carneval: in den beiden Wochen vor Veilchendienstag, in Nizza. Am Karnevalsdienstag findet ein Umzug statt, anschließend wird König Karneval am Strand eingeäschert.
Fête des Violettes: Anfang März, in Tourettes-sur-Loup. Ein provenzalischer Markt und Wagenkorso mit vielen Veilchen.
Expo Rose: Mai, in Grasse. Gefeiert wird mit 50 000 Blüten die zur Parfumherstellung wichtige Rose.
Internationales Filmfestival: Mai, in Cannes. Dem weltweit wichtigsten Filmfestival schenken alle Medien Aufmerksamkeit, www.festival-cannes.fr.
Bravade: 16.–18. Mai, in St-Tropez. Fest zu Ehren des hl. Torpes. Prozession.
Grand Prix: Mai, in Monaco. Formel-1-Rennen Im Stadtstaat.
Fête de la Transhumance: Mai, in La Garde-Freinet. Fest zum Auftrieb der Schafherden in das Maurenmassiv, mit 2000 Tieren durchs Dorf, www.lagardefreinet-tourisme.com.

Les Voiles d'Antibes: Mai–Juni. Segelwoche mit den schönsten Schiffen der Welt und großen Namen.
Fête de la St-Pierre: meist letztes Juni-Wochenende, Fischerfeste u. a. In Marseille La Ciotat und Cassis. Bootssegnung, Prozession, Fischerstechen.
Soirée vénétienne: 1. Juli-Wochenende, in Martigues. Feuerwerk und Umzug über dem nächtlich beleuchteten Kanälen und dem Etang de Berre.
Jazz à Juan: Mitte bis Ende Juli. Jazzfestival in Juan-les-Pins. 250 Musiker aus 15 Ländern geben Open-Air-Konzerte, www.jazzajuan.com.
Les Baroquiales: Ende Juli, in Sospel. Musik-und Theaterveranstaltungen in den Kirchen, auf Plätzen und Wanderwegen, www.lesbaroquiales.com.
Internationale Festspiele der Kammermusik: Ende Juli bis Mitte Aug., in Menton. Konzerte vor St-Michel, mit Kerzenlicht und Blick auf die Riviera, www.musique-menton.com.
Les Nuits du Sud: Anfang Juli bis Anfang Aug., in Vence. World Music aus Cuba, Kolumbien, Mali, Tabago, Israel, www.nuitsdusud.com.
Festival International d'Art pyrotechnique: Mitte Juli bis Ende Aug., in Cannes. Die besten Feuerwerkskünstler der Welt, www.festival-pyrotechnique-cannes.com.
Les Plages electroniques: Juli/Aug., in Cannes. DJ's aus aller Welt, die neuesten Musiktrends, www.plages-electroniques.com.
Passionsprozession: 5. Aug., in Roquebrune. Laienschauspieler stellen die Passionsgeschichte nach.
Töpferfest: Mitte Aug., in Vallauris. Die Töpfer der Dorfes stellen Keramik aus und lassen sich auch ins Atelier schauen.
Fête de la châtaigne: an den letzten drei Sonntagen im Okt., in Collobrières. Nach der Maronenernte wird gefeiert.

Reiseinfos von A bis Z

Geld

Landeswährung ist der Euro. Visa, Master- und Eurocard haben sich überall durchgesetzt.

Gesundheit

Behandlungskosten werden von der Krankenkasse gegen Vorlage der Arztrechnung teilweise erstattet, Information jeweils bei der Versicherung. Die Auslandskarte (EHIC), die gesetzlich Versicherte von Ihrer Krankenkasse erhalten, erleichtert die Abrechnung von Arzt- und Krankenhauskosten. Eine zusätzliche Reisekrankenversicherung sichert nicht gedeckte Kosten. Adressen deutschsprachiger Ärzte über die diplomatischen Vertretungen (s. S. 18).

Im Notfall rufen Sie unter der landesweit einheitlichen Tel. -15 einen Krankenwagen und Notarzt (S.A.M.U.). Bei Vergiftungen hilft rund um die Uhr das **Centre anti-poison** in Marseille, Tel. 04 91 75 25 25, oder Lyon, Tel. 04 72 11 69 11, weiter. **Apotheken** (*pharmacies*) sind am grün blinkenden Neonkreuz zu erkennen.

Informationsquellen

Französische Fremdenverkehrsämter

Deutschland: Atout France, Zeppelinallee 37, 60325 Frankfurt, Infomaterial: Tel. 0190 57 00 25, (0,49 €/Min., 9–16.30 Uhr, sonst Bandansage), info.de@franceguide.com

Österreich: Atout France, Argentinierstr. 41a, 1040 Wien, Tel: 0900 25 00 15 (0,68 €/Min.), info.at@france guide.com

Schweiz: Atout France, Rennweg 42, PF 7226, 8023 Zürich, Tel. 0900 90 06 99, (1,20 € Einwahl, 0,30 €/Min.), info.zrh@franceguide.com

Regionale Fremdenverkehrsämter

Westliche Côte d'Azur: Comité Régional de Tourisme Provence-Alpes-Côte d'Azur, 61, La Canebière, 13231 Marseille, Tel. 04 91 56 47 00, www.decouverte-paca.fr

Östliche Côte d'Azur: Comité Régional du Tourisme Riviera Côte d'Azur, 400, promenade des Anglais, 06203 Nizza, Tel. 04 93 37 78 78, www.cote dazur-tourisme.com

Im Internet

Das Internet (Landeskennung **.fr**) hat sich in Frankreich in allen Bereichen durchgesetzt. In den meisten Fällen stehen die Informationen wahlweise auf Englisch oder Französisch, seltener auf Deutsch im Netz. Beim Suchen nach Begriffen fallen die Akzente weg!

www.franceguide.com: Offizielle Seite des Französischen Fremdenverkehrsamts. Auf Deutsch. Online-Bestellung von Broschüren.

www.cote.azur.fr: Aktuelles von der Küste, vom Kino, Jobmarkt, Wetter bis hin zum neuesten Witz. Auf Französisch.

www.cotedazur-en-fetes.com: Die wichtigsten Feste, Festivals, Veranstaltungen. Dazu zahlreiche weitere Infos der Verkehrsämter.

www.visitprovence.com: Website des Dept. Bouches-du-Rhône, die Marseille, die Calanques inkl. Cassis und La Ciotat in deutscher Sprache vorstellt.

www.visitvar.com: Website des Dept. Var (Bandol bis Le Trayas). Auch auf Deutsch.

Reiseinfos von A bis Z

www.riviera-magazine.com: Internetmagazin für die östliche Côte d'Azur. Auch auf Englisch.

www.golfe-infos.com: Website zum Golf von St-Tropez. Auch auf Deutsch.

www.provence-insolite.org: Website des Lokalmatadors Jean-Pierre Cassely. Humoristische Rundgänge durch Marseille, Cassis, Sanary, Toulon. Nur auf Französisch, dafür mit vielen, teils raren Bildern.

www.index-paca.net: französischsprachiges Verzeichnis aller Websites der Region Provence-Alpes-Côte d'Azur, nach Themen und Regionen geordnet.

www.nicematin.com: Portal der Tageszeitung »Nice Matin«. Tipps zum Ausgehen, Kleinanzeigen, Wetterbericht. Auf Französisch.

www.businessriviera.com: Für Geschäftsreisende – Seminare, Kongresse, Wirtschaftsdaten. Auf Englisch.

www.om.net: Offizielle Website des Fußballclubs Olympique Marseille. Spielerporträts, Karten. Auch auf Englisch.

Kinder

Die besten Küstenstandorte

Die Sandstrände im Dept. Var, etwa am Cap Brégancon oder in Le Lavandou, sind flach und daher zum Baden gut geeignet, da auch der Wellengang eher zahm ist. An den Sand- und Kieselstränden in den Alpes-Martimes, in Cannes oder am Cap Ferrat, stehen die Interessen der Kleinen nicht an erster Stelle.

Am Strand

Unter dem Label **Station Kid** gruppieren sich Strandorte, die Angebote für Kinder zwischen 4 und 12 Jahren bereithalten: Kurse in Segeln und Schwimmen, Radwege, Spielgeräte oder Betreuer, die die Kleinen ins Sandburgenbauen einführen, www.stationskid.com.

Bootstouren

Schiffsausflüge zu den Îles de Lérins, den Îles d'Hyères oder den Îles du Frioul sind spannende Ausflugsangebote, die von an vielen Badeorten zum Freizeitprogramm zählen.

Gesundheit

Besondere Gesundheits- oder Hygienevorkehrungen entfallen. Windeln (*couches*) und Babyartikel sind überall erhältlich, und im Notfall ist es zum nächsten Kinderarzt (*pédiatre*) nicht weit. An Kopfbedeckung, langes T-Shirt, Hosen sowie Sonnencreme mit hohem Schutzfaktor und Mückenschutzmittel sollte man vor der Abreise unbedingt denken.

Übernachten

Einige Hotels bieten familiengerechte 3- oder 4-Bett-Zimmer zu einem günstigen Tarif an. Auch ein Kinderbett, das man mit ins Zimmer stellen darf, steht oft bereit. Ansonsten ist man mit einem Apartment, die z. T. mit Hotelservice vermietet werden, gut bedient.

Essen gehen

Kinder werden im Restaurant nicht als störend empfunden. Spielzeug oder Spielecken im Restaurant gibt es hingegen nicht. Die Küche macht es Kindern leicht: Pizza und Pasta gehören zum kulinarischen Erbe und sind in großer Auswahl zu haben. Ansonsten bleibt die Alternative in Form eines *Menu enfant*, das erstens auf die Geschmacksvorlieben der Kleinen abgestimmt und zweitens nicht sehr teuer ist. Auch die bei Kindern beliebten Crêperien findet man in den Urlaubsorten leicht.

Aqua- und Lunaparks

Lunaparks wie der auf der Halbinsel von Giens (s. S. 56) locken von Ostern bis Okt. Das **Marineland** von Antibes

Reiseinfos von A bis Z

ist eine Mischung aus Hochseeaquarium und Unterwasserzoo. Gleich nebenan lockt die Westernwelt der **Petite Ferme du Far West** u. a. mit Ponyreiten, und das nahe **Aquasplash** verführt mit 13 Riesenrutschen und Wellenbad. Wissenschaftlich anspruchsvoll und spannend ist das **Musée océanographique** von Monaco mit 90 Bassins und 20-m-Walskelett (s. S. 104).

Klima und Reisezeit

Die Côte d'Azur hat ganzjährig Saison. Der Himmel ist im Winter zudem so blau wie das ganze Jahr nicht, denn der Mistral fegt jede Wolke vom Firmament. Der meiste Regen fällt im November/Dezember, auch im März regnet es bisweilen stark. Im Winter weht ansonsten ein laues Lüftchen, man kann oft mittags auf der Terrasse essen und die Mimosen blühen. Am angenehmsten bleibt eine Reise im Frühjahr oder im Herbst. Ab April sitzt auf den Terrassen, alles in der warmen Sonne. Ab Mitte September weicht die Sommerhitze laueren Lüftchen und das Mittelmeer ist am wärmsten. Baden gehen kann man bei noch 20 °C Wassertemperatur bis in den Oktober.

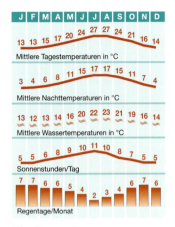

Klimadiagramm Cannes

Öffnungszeiten

Kernöffnungszeiten der Geschäfte sind 9–12 und 14–19 Uhr. Im Hochsommer verlängert sich die Mittagsruhe oft bis 16 Uhr. Supermärkte und Kaufhäuser haben über Mittag geöffnet, abends oft bis 21/22 Uhr. Samstags bleiben alle Geschäfte nachmittags offen. Sonntagvormittags wird Markt gehalten, viele Lebensmittelläden haben ebenfalls auf, Bäckereien immer. Montag ist oft vormittags geschlossen. Behörden Mo–Fr 9–12 und 14–17, Banken nur bis 16.30 Uhr. Postämter: Mo–Fr 8–19 Uhr. Staatliche Museen schließen in der Regel am Dienstag, städtische und private oft montags. Kirchen sind meist von 9–19 Uhr offen.

Rauchen

Seit 2008 gilt in allen öffentlichen Bereichen, von der Behörde über das Café und die Métrostation Rauchverbot. Viele Bars und Restaurants haben einen Standaschenbecher vor der Tür.

Reisen mit Handicap

Spezielle Einrichtungen sind selten. Die **Association des Paralysés de France** (APF) verschickt gegen Gebühr einen Hotel- und Restaurantführer (APF, Délégation Paris, 22, rue du Père-Guérin, 75013 Paris, Tel. 01 40 78 69 00, www.apf.asso.fr). Auf der Internetseite des französischen Fremdenverkehrsamts **Atout France** (www.francegui

Reiseinfos von A bis Z

de.com) findet man die Rubrik »Tourismus und Handicap« für behindertengerechtes Reisen.

Sport und Aktivitäten

Baden

Die schönsten Sandbuchten liegen zwischen La Londe-des-Maures und St-Tropez sowie am Golf von Fréjus und um das Cap d'Antibes. Östlich des Var finden sich vor allem Kiesstrände wie in Nizza oder Menton.

Um an einige kleine, fast unverbaute Strände zu gelangen, muss man entweder ins Boot steigen oder die Wanderschuhe anziehen. Vor der Küste von Marseille liegen die Frioul-Inseln mit der Plage de la Maison des Pilotes und dem Havre de Morgiret. Unter den Calanques gilt die von d'En-Vau als Badeparadies. In Cassis breitet man sich auf fast tischtuchflachen, glatten Felstafeln,

Sicherheit und Notfälle

An einsamen Wanderparkplätzen sollte man nichts im Wagen zurücklassen! In der Stadt steht der Wagen (zumal nachts) besser im Parkhaus. Es gelten die in allen Metropolen üblichen Vorsichtsmaßnahmen: Autotüren während der Fahrt verriegeln, Wertgegenstände nicht auf Beifahrersitz oder Rückbank liegen zu lassen – eine Scheibe ist vor der Ampel schnell zerschlagen, und der Dieb auf dem Motorrad noch schneller samt Beute über alle Berge. Es kommt selten vor, dass die Gauner Touristen vom Flughafen oder Hotel folgen, um die Opfer an abgelegener Stelle zu überfallen. Wenn's passiert: Den Helden zu spielen, sollte man anderen überlassen. Es ist ratsamer, Gepäck oder Kamera dem Gangster zu übergeben.

Märkte oder große Menschenansammlungen sind ein ideales Terrain für Taschendiebe. Diebstähle müssen auf einer Polizeidienststelle gemeldet werden, damit der Schaden eventuell von der Reisegepäckversicherung getragen wird.

Nicht alleine, vor allem als Frau, sollte man nachts in Marseille den Gassen links und rechts der oberen Canebière, in Nizza an den abgelegen Abschnitten der Promenade des Anglais unterwegs sein.

Diplomatische Vertretungen

Deutsches Generalkonsulat Marseille: 338, av. du Prado, Tel. 04 91 16 75 20, Métro Rond Point du Prado

Botschaft der Republik Österreich: 6, rue Fabert, 75007 Paris, Tel. 01 45 55 95 66, www.amb-autriche.fr, www.bmaa.gv.at

Honorarkonsulat Österreich: 27, cours Pierre Puget, 13006 Marseille, Tel. 04 91 53 02 08, Mo–Fr 9.30–12.30 Uhr

Botschaft der Schweiz: 142, rue de Grenelle, 75007 Paris, Tel. 01 25 55 67 00, www.amb-suisse.fr, www.eda.admin.ch/paris

Generalkonsulat Schweiz: 7, rue d'Arcole, 13291 Marseille Cedex 6, Tel. 04 96 10 14 10 oder -11

Notrufnummern: Polizei Tel. 17, **Feuerwehr** Tel. 18, **Zentrale Kreditkartensperrung:** Tel. 0049 116 116

Reiseinfos von A bis Z

Thalassotherapie

Ein Centre de Thalassothérapie gibt es auf der Halbinsel von Giens, in Bandol, Fréjus, Villeneuve-Loubet, Antibes und Monte-Carlo. Massagen mit Meerwasserberieselung, heiße Algenschlammpackungen, Joggen am Strand, um die Lunge ordentlich mit Jod vollzupumpen, Sprudelbäder, Gymnastik im Meereswasserschwimmbad etc. **Allô Thalasso:** 4, rue du Faubourg Saint Honoré, 75008 Paris, Tel. 01 53 21 86 11, www.allo-thalasso.com. Broschüre »Wellness en France« über das französische Fremdenverkehrsamt Atout France (s. S. 20).

den Roches plates westlich der Plage du Bestouan, aus. Die Halbinsel von Giens säumen lange Sandstrände. Auf Porquerolles wandert man 3 km, um die traumhafte Plage Notre-Dame zu erreichen. Den Südseezauber der Côte d'Azur versprühen die Sandstrände westlich des Cap Brégancon.

Bei St-Tropez lockt das türkisfarbene Wasser an den Pampelonne-Stränden. Cannes' Croisette-Strände bieten den Hauch der mondänen Riviera.

Je weiter man nach Osten kommt, desto näher rücken die Südalpen an die Wasserkante, und desto dramatischer werden die Ausblicke. Am Cap d'Antibes erlaubt etwa die Plage de la Garoupe einen grandiosen Blick auf Antibes und die Voralpen.

Golf

Mit zwei über 100 Jahre alten Golfplätzen (Mandelieu und Valescure) kann die Côte auf eine lange Tradition zurückblicken. Kürzlich wurde das Royal Mougins Golf Resort (www.royalmougins.fr) zum besten Golfhotel & Spa der Welt gekürt. 2010 wählte die internationale Vereinigung der Golfreiseveranstalter IAGTO die Côte d'Azur zudem zur besten Golfdestination Europas.

Der Golfplatz Mandelieu setzt sich aus 2 Greenfees zusammen. Vom Golfplatz Frégate und vom Platz Cap Estérel in St-Raphaël geht der Blick aufs Meer.

Tipp: der Golfpass Pays de Grasse zu 4 herrlichen Plätzen zwischen Grasse, Valbonne und Châteauneuf de Grasse **(Fédération Française de Golf:** Levallois-Perret, 68, rue Anatole France, Tel. 01 41 49 77 00, www.ffgolf.org).

Klettern

Kletterspots in den Felsen der Calanques, den Klippen der Route des Crêtes von Cassis nach La Ciotat, um Grasse, in den Voralpen bei Nizza, im Mercantour-Nationalpark und den Steilwänden bei Roquebrune **(Fédération des clubs alpins et de montagne:** Les Jardins de France, 14, av. Mirabeau, Nizza, Tel. 04 93 62 59 99, www.ffcam.fr. Weitere Büros in Marseille, Cannes, St-Laurent-du-Var, Toulon, Brignoles).

Radfahren

Für längere Touren interessanter wird es im Departement Var. Von Hyères kann man bequem über Lalonde-des-Maures und Bormes nach Le Lavandou radeln. 22 Radrundwege durch den Var sind in einem Führer zusammengefasst (www.cg83.fr). Auch die Alpes Maritimes bieten Rundwege an (www.cg06. fr, Rubrik Guides RandOxygènes). Für weitere (Mountainbike-)Touren ins Hinterland, etwa ins Massif des Maures oder Massif de l'Estérel, besorgt man sich auf dem Office de Tourisme oder im Buchhandel einen Topoguid **(Ligue de**

Reiseinfos von A bis Z

la Côte d'Azur de cyclotourisme/VTT: Les Adrets-de-L'Estérel, Tel. 04 94 40 96 06, www.ffct.org).

Segeln

Segeln ist hier geradezu ein Volkssport. Segelschulen und Bootsverleiher gibt es in fast jedem Küstenort: Zur Fédération française de voile gehören 143 Clubs zwischen Côte Bleue und italienischer Grenze **(Fédération française de voile:** 17, rue H. Bocquillon, Paris, Tel. 01 40 60 37 00, www.ffvoile.org).

Surfen und Bodyboard

In Marseille ist die Plage Borély fest in Surferhand. In Six-Fours-les-Plages zieht der Strand von Bonnegrâce Surfer an. Les Lecques, Cabasson und St-Tropez (Plage Bouillabaisse) bieten auch gute Möglichkeiten, doch als bester Strand gilt die Plage d'Almanarre in Hyères. Wer einen Surfkurs belegt, achte auf das Qualitätslabel Ecole française de surf (www.surfingfrance.com).

Tauchen

Die Küste bei Marseille gilt als Eldorado für Taucher, vor allem wegen der Calanques. Der Nationalpark Port-Cros lockt mit einem Unterwasserpfad zwischen der Plage de la Palud und dem Rascas-Inselchen auf die Hyères-Inseln, der auch für Schnorchler geeignet ist. Interessante Tauchgründe liegen um die Île Bendor bei Bandol, um die Îles des Embiez bei Six-Fours sowie an der Corniche de l'Estérel. Wracktauchen sorgt in St-Tropez für Abwechslung von Riffen und Poseidongraswiesen **(Fédération française d'etudes et de sports sous-marins:** 24, quai de Rive-Neuve, Marseille, Tel. 04 91 33 99 31, www.ffessm.fr).

Wandern

Allein das Departement Var hat 187 km Küste als Wanderweg ausgeschildert! Gut markiert sind vor allem die Fernwanderwege (GR, rot-weißer Balken). Der GR 51 folgt auf weiten Strecken dem Küstenverlauf, bevor er oberhalb von Grasse ins Tal des Loup abbiegt. Der GR 9 erreicht von der Provence kommend die Montagne de la Ste-Baume und nimmt anschließend Kurs auf St-Tropez. Die Streckenverläufe und Wandererunterkünfte aller GRs

Ob kurze Promenade oder Mehrtagestour, die Côte samt Hinterland ist ein Wanderparadies

Reiseinfos von A bis Z

stehen im Internet: www.gr-infos.com. Beste Wanderzeit Sept./Okt. und April/ Mai.

Neben den Fernwanderwegen existieren viele ausgeschilderte Küstenstrecken, die zu einer Halb- oder Tageswanderung einladen, die sogenannten PR mit gelben Balken als Markierung. Ein alter Zollweg führt von Bandol nach Les Lecques. Rund um Porquerolles erschließt ein Weg die Insel. Gelb markiert sind auch die Wanderwege um die Halbinsel von Giens. Wunderschön ist der Küstenwanderweg um die Halbinsel von St-Tropez. Um das Cap Martin führt ein Rundweg (2 Std.), in einer Stunde gelangt man vor dort über die Promenade Le Corbusier bis Monte-Carlo. Am Cap Ferrat erlaubt der Spaziergang um die Pointe St-Hospice einen Blick auf Beaulieu und Monaco.

Schattiger, dafür oft steil sind die Wege im Hinterland: Von Bormes aus durchquert der GR 90 45 km lang das dicht bewaldete Massif des Maures. Vom Küstenort Le Trayas (ab Bahnhof ausgeschildert) geht es in 2 Std. hoch ins Massif d'Estérel zum über 300 m hohen Pic de l'Ours. Im Hinterland von Nizza verbindet ein Wanderweg (2 Std.) die Dörfer Peille und Peillon (**Comité Régional de randonnée pédestre Provence-Alpes-Côte d'Azur:** 3, rue des Etoiles, Aix-en-Provence, Tel. 04 42 38 28 84 www.paca.ffrandonnee.fr. Topoguides im Buchhandel).

Telefon

Innerhalb Frankreichs gibt es keine Ortsvorwahl, Rufnummern sind immer zehnstellig. Bei Gesprächen aus dem Ausland entfällt die erste Null der zehnstelligen Nummer. Telefonkarten (*télécartes*) zu 50 oder 120 Einheiten auf der Post oder im Bar-Tabac.

Verkehrsmittel

Bahn

Alle wichtigen Orte sind mit den Zügen des regionalen TER-Bahnnetzes (www. ter-sncf.com) oder mit dem TGV (www. tgv.com) verbunden. Nur am Küstenabschnitt von Fréjus bis Hyères verläuft kein Schienenstrang, da das Streckennetz einen Bogen um das Massif des Maures schlägt. 100 km Zugfahrt kosten ca. 14 €. Online-Buchung über die Website www.voyages-sncf.com, auch auf Deutsch.

Bus

Busbahnhöfe (*gare routière*) findet man in allen größeren Orten. Von Stadt zu Stadt ist die Verbindung gut. Zu den Dörfern im Umland verkehren die Busse nur morgens und abends.

Größte Knotenpunkte sind Marseille und Aix-en-Provence. SCAL betreibt Expresslinien längs der Küste und in die Südalpen. Littoral Cars verbindet Toulon mit Bandol, Phocéens Cars Nizza mit Aix und Marseille, Sodetrav Toulon mit Aix, Hyères, Le Lavandou, St-Tropez (www. sodetrav.fr). Dept. Alpes-Maritimes: www.cg06.fr., Dept. Var: www.varlib.fr, Dept.Bouches-du-Rhône: www.lepilote.com. 100 km im Bus kosten ca. 12 €.

Taxi

Neben der Grundgebühr von 2 € berechnet sich der Preis pro Kilometer. Kilometerpauschale von 7–19 Uhr ca. 0,90 €, sonst 1,30 €. So/Fei wird der höhere Tarif berechnet. Für Gepäckstücke ab 5 kg ist 1 € Aufpreis fällig.

Eigenes Auto

Das Straßennetz ist dicht und gut ausgebaut. Vorsicht im Winter, in den Höhenlagen der Alpes Maritimes drohen Glatteis und Raureif. Zähfließender Verkehr und Schlangen an den Autobahn-

Reiseinfos von A bis Z

Der Umwelt zuliebe – nachhaltig reisen

Nach Jahrzehnten des sorglosen Umgangs mit natürlichen Resourcen schaltet die Côte d'Azur auf Grün. Modernste Kläranlagen sind selbstverständlich. In den Städten entstehen Radwege, am Küstenverlauf ebenso. Apropos Küste: Der Küstensaum darf offiziell nicht verbaut werden und muss frei zugänglich sein.

www.fairunterwegs.org: »Fair Reisen« anstatt nur »verreisen« – der Schweizerische Arbeitskreis für Tourismus und Entwicklung erklärt, wie das geht. Außerdem ausführliche Infos zu Reiseländern in der ganzen Welt.

www.tourism-watch.de: vierteljährlicher Newsletter mit Hintergrundinformationen zum Tourismus weltweit und Themenseiten zu Kultur, Religion und Menschenrechten im Tourismus.

www.zukunft-reisen.de: Das Portal des Vereins Ökologischer Tourismus in Europa erklärt, wie man umweltverträglich und sozial verantwortlich reisen kann.

www.oekotourismus-in-frankreich.de: Internetplattform des französischen Fremdenverkehrsamts. Infos zu umweltfreundlichen Reiseunternehmen, ökologischen Hotels, klimaschonenden Freizeitaktivitäten, Naturdestinationen.

Die Côte d'Azur ›nachhaltig‹: Der sparsame Umgang mit Wasser, um den viele Hotels bitten, ist in einer von Trockenheit geplagten Region ein sinnvoller Schritt. Lassen Sie den Wagen in der Garage, und nutzen Sie die deutlich verbesserten Angebote des öffentlichen Nahverkehrs. Auf Märkten kauft man am besten die Produkte lokaler Anbieter, von denen immer mehr biologisch produzieren.

mautstellen sind im Sommer während der Reisewellen in den Süden vorprogrammiert.

Pannenhilfe: auf Autobahnen über Notrufsäulen, sonst Polizeinotruf 17.

ADAC (deutschsprachiger Notdienst in Lyon): Tel. 08 25 800 822.

Verkehrsregeln: In Ortschaften gilt 50 km/h, auf Landstraßen 90 km/h, auf Schnellstraßen 110 km/h, auf Autobahnen 130 km/h Höchstgeschwindigkeit. Im Kreisverkehr hat man Vorfahrt. Das Schild »Toutes directions« weist die Streckenführung für Durchreisende aus.

Alkoholgrenze: 0,5 Promille.

Anschnallen: ist Pflicht

Parkverbot vor Postämtern, Polizeistationen, Krankenhäusern, meist Schulen und Kindergärten, an gelb markierten Bordsteinen. Übertreten der Verkehrsregeln wird mit hohen Bußgeldern geahndet, die sofort zu entrichten sind.

Leihwagen

Fahrzeuge erhältlich über TUI Cars (Tel. 0511 567 89 17, www.tuicars.com). Büros in Cannes, Marseille und Nizza.

An den Flughäfen von Marseille und Nizza sind alle großen Autoverleiher vertreten. Günstige Angebote bei Holiday Cars (Tel. 01 80/517 91 91, www.holidayautos.de).

Schiff

Mehrere regionale Schiffsnetze, etwa zwischen den Häfen der Reede von Toulon oder im Golf von St-Tropez.

Inseln: Die Îles du Frioul werden ab Marseille, die Îles de Lérins ab Cannes, Antibes, Juan-les-Pins, die Îles d'Hyères ab Toulon, Le Lavandou, Giens und Cavalaire-sur-Mer angefahren.

Fähren: nach Nordafrika ab Marseille, nach Korsika ab Marseille, Toulon und Nizza.

Unterwegs an der Côte d'Azur

Ein Abendspaziergang auf der Uferpromenade, einerlei, ob wie hier in Nizza, ob in Cannes oder Cassis: Palmen rascheln, die Luft ist samtschwer, die Zuckerbäckerpaläste der Belle Époque setzen sich mit effektvoller Beleuchtung in Szene. Alles flaniert und genießt die blaue Stunde. Schöner kann kein Tag an der Côte d'Azur ausklingen.

Von Marseille bis zu den Îles d'Hyères

Marseille ▶ A/B 5/6

Marseille zählt 170 *villages*: Gemeint sind die Viertel der samt zugehörigen Vorortgemeinden gut 1,3 Mio. Einwohner großen Hafenstadt. Jedes für sich ist eine eigene Welt, geprägt von Armeniern, Spaniern, Italienern, Juden aus Djerba, Maghrebinern, Schwarzafrikanern, nun auch von Parisern, die Marseille *tendance*, sehr angesagt finden. Seit 2600 Jahren nimmt Marseille jeden freundlich auf. Schon die Stadtgründer waren Zuwanderer: Griechen aus Kleinasien haben um 600 v. Chr. auf dem Panier-Hügel ein Handelskontor gegründet, das sie Massalia nannten, woraus Marseille wurde.

Die Zukunft heißt Euroméditerranée: 480 ha aufgelöste Docks, sanierungsbedürftige Altstadtviertel, runtergekommene Second-Empire-Achsen umfasst das Areal, auf dem Marseille sich neu erfindet. An der Hafenfront bauen Stararchitekten von Jean Nouvel bis Zaha Hadid an der neuen Seefront.

Vieux Port und Quai des Belges [1]

Der Vieux Port ist die Keimzelle der Stadt, der Quai des Belges ihr Laufsteg. Die größte Aufmerksamkeit beanspruchen die Fischverkäuferinnen des **Marché aux poissons** (tgl.).

Hôtel de Ville [2]

Quai du Port, Besichtigung über Office de Tourisme

Im Genueser Barock in den Jahren 1656–1673 erbautes altes Rathaus. Der zweiflügelige Bau mit dem Mittelbalkon wirkt wie ein Schloss.

St-Victor [3]

3, rue de L'Abbaye, 9–19 Uhr, www.saintvictor.net

Unter der Basilika verschachteln sich spätantike Krypten: Die Chapelle Notre-Dame-de-Confession stammt aus dem 6. Jh. Die frühchristlichen Sarkophage in den Mauern sind noch 200 Jahre älter. Die Chapelle de Ste-Madeleine bewahrt eine archaische, vorromanische Figur – vermutlich war die Krypta das Grab des hl. Victor.

Boulevard La Canebière [4]

Métro: Vieux Port, Noailles oder Réformés

Fassaden ehemaliger Grand Hôtels, Kaufhäuser, Banken bestimmen den breiten Boulevard, der in seiner heutigen Form 1928 vollendet wurde. Das **Palais de la Bourse,** die ehemalige Börse (Nr. 9), wurde 1852–1860 im neobarocken Stil errichtet. Der Prachtbau feiert mit aufwendig gestalteter Fassade den Triumph der Stadt auf den Weltmärkten (Foyer zugänglich Mo–Fr 9–16 Uhr). Heute hat hier das **Musée de la Marine et de l'Economie** (tgl. 10–18 Uhr) seinen Sitz: Modelle von Schiffen sowie Plakate von Schifffahrtsgesellschaften. Mit dem **Musée de la Mode** (Nr. 11) in einem von Stararchitekt Jean-Michel Wilmotte umgebauten

Marseille

Belle-Époque-Bau stellt sich Marseille als Fashion-Metropole vor.

Notre Dame de la Garde 5
Montée de la Bonne Mère, 7 Uhr bis Sonnenuntergang, Winter 7–18.15 Uhr, www.notredamedelagarde.com
Der neobyzantinisch-neoromanische Kolossalbau wurde 1853–1870 vollendet und ist das Wahrzeichen von Marseille. Auf dem 41 m hohen Campanile thront eine goldene Statue der Muttergottes, im Volksmund *La bonne Mère de Marseille* genannt. Im Innern findet sich reicher Mosaikschmuck.

Cours Julien 6
Métro: Notre-Dame-du-Mont-Cours Julien
Viertel der alternativen Szene. Kultbands wie Massalia Sound Systeme oder 45 Niggaz haben hier ihre ersten Konzerte gegeben und Marseille zur Hauptstadt des französischen Rap gemacht. Die Szenerie wirkt wie ein mit Olivenbäumen aufgeforsteter Prenzlauer Berg.

Musée d'Art Contemporain – MAC 7
69, av. Haifa, Di–So Juni–Sept. 11–18, Okt.–Mai 10–17 Uhr. Führungen Mi, Sa, So 15 Uhr
Zeitgenössische Kunst, Fluxus, Arte Povera, Concept Art, Pop Art von Christo, Yves Klein, Rauschenberg und César, dessen 6 m hoher Bronzedaumen »Le Pouce« auf dem nahen Rond Point Pierre-Guerre aufgestellt wurde.

Musée Cantini 8
19, rue Grignan, Juni–Sept. Di–So 11–18, Okt.–Mai Di–So 10–17 Uhr
Barockpalais, seit 1916 Sitz des Musée Cantini, zu dessen Sammlung Gemälde von Matisse und Kandinsky zählen. Dazu fauvistische, surrealistische Werke und moderne Klassiker von Bacon, Ernst, Léger, Picabia, Picasso, Giacometti, Rothko und Hopper.

MuCEM 9
www.mucem.eu, Fort St-Jean, Eingang über Tour d'Assaut, nur zu Sonderausstellungen geöffnet

Eindrucksvoll ist die Hafeneinfahrt Marseilles

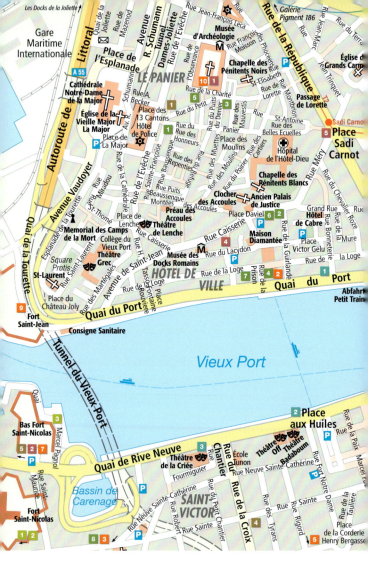

Die im Hafenfort aus dem 12. Jh. gezeigten Sonderausstellungen geben einen Vorgeschmack auf das Musée des Arts et des Civilisations de l'Europe et de la Méditerranée, dessen Eröffnung für 2011 geplant ist. Thema sind die Bezüge der Kulturen Europas und des Mittelmeerraums.

Vieille Charité 10
direkt 1 s. S. 34

Cité radieuse 11
280, bd. Michelet, Foyer und Dachterrasse 9–18 Uhr zugänglich. Führungen über Office de Tourisme
Apartmentkoloss des Avant- ▷ S. 36

Marseille

Übernachten
1. La Maison du Petit Canard
2. Vertigo
3. Le Ryad
4. Casa Honoré
5. New Hotel of Marseille

Essen und Trinken
1. Charité-Café
2. La Buvette du Chalet
3. Café Populaire
4. Le Café des Epices
5. Le Moment

Einkaufen
1. Officielle Plus Belle la Vie
2. Place aux Huiles
3. Arterra
4. Le Comptoir du Panier
5. La Chocolatière du Panier
6. La Compagnie de Provence
7. La Maison du Pastis
8. Le Four à Navettes

Ausgehen
1. La Caravelle
2. Le Marlin
3. Le Trolleybus
4. Oogie!

Sport und Aktivitäten
1. Raskas Kayak
2. Pacific Palissades
3. Les Plaisirs de la Mer

Sehenswert
1. Vieux Port und Quai des Belges
2. Hôtel de Ville
3. St-Victor
4. Boulevard La Canebière
5. Notre Dame de la Garde
6. Cours Julien
7. MAC
8. Musée Cantini
9. MuCEM
10. La Vieille Charité
11. Cité radieuse
12. Frioul-Inseln

1 | Krimischauplatz und Daily-Soap-Location – der Panier

Cityplan: S. 32

Ein roter Strich auf dem Asphalt leitet auf dem Altstadthügel von Sehenswürdigkeit zu Sehenswürdigkeit. Die meisten Besucher aber treibt es direkt ins Le Mistral. So heißt das berühmteste Café im Panier – das jedoch nur in Frankreichs erfolgreichster Daily Soap »Plus belle la vie« existiert. Das Original heißt Bar des Treize Coins'.

Von Montag bis Freitag schauen Abend für Abend ein paar Millionen Franzosen ins Mistral rein. Denn alle lieben Roland, den brummig gutmütigen Patron, der für jeden ein Ohr und das passende Getränk hat. Wird Architekt Vincent, der aus dem hektischen Paris in ein cooles Loft nach Marseille gezogen ist, Charlotte, die Modedesignerin von nebenan, erobern? Kann Kommissar Léo Castelli die krummen Geschäfte des Immobilienspekulanten Charles Frémont aufklären? So lauten die Fragen, mit der die Seifenoper »Plus belle la vie« auf FR3 Quote macht.

Steiler Aufstieg

Der Aufstieg vom Arme-Leute-Viertel zur bevorzugten Adresse von Künstlern und Kreativen begann in den 1990er-Jahren. Damals machten die Marseille-Krimis von **Jean-Claude Izzo** (1945–2000), der im Panier zur Welt kam, landesweit Furore. Izzo setzte dem neapolitanisch-engen Viertel ein Denkmal, das Bildhauer, Chocolatiers, Regisseure und andere junge Selbstständige bald zu stürmen begannen. Von der charmanten **Place Daviel** geht es über die krummen Stufen der Montée des Accoulés hoch auf den Hügel. Die Kuppel des ehemaligen Jesuitenkollegiums **Le Préau des Accoulés** überragt die steile Stiege. Ein doppelläufiges Eisengeländer in der Mitte verschafft Halt, bis die Rue du Refuge erreicht ist.

1 | Der Panier

Dorfplatzcharme

Eine Stichgasse, die Rue Porte Baussenque, führt linker Hand auf die nach dem Krimiautor benannte **Place Jean-Claude Izzo**. Etwas weiter ist Marseille plötzlich ein Dorf irgendwo in der Provence. An der **Place des Moulins** hängen Blumentöpfe an den Fensterläden. Kinder lachen hinter dem Art-déco-Portal der Ecole Maternelle. Nebenan erinnert der Stumpf einer Mühle an die eigentliche Bestimmung des Platzes: Früher krönte ein Dutzend Mühlen den höchsten Punkt des Panier, der durch seine erhöhte Lage jedem Windzug des Mistrals ausgesetzt ist. Mühlsteine dienen heute unter den Platanen als Tische. Der Platz ist die Bühne der alljährlichen Fête du Panier (www.fetedupanier.org).

Gassen und Passagen

Die **Rue du Panier** ist so etwas wie die Hauptgasse des Viertels. Im Mittelalter gab es hier eine Ta
mit Namen Au Panier. Daraus entstand der Name des Viertels. Altmodische Ladenschilder säumen die krumme Gasse. Les Caves du Moulin verweisen auf einen Weinladen, der Bazar du Panier auf einen längst geschlossenen Kramladen. Über die Rue des Mauvettes und die Rue de Lorette gelangt man in die dustere Passage Lorette. Ein Hauch Zille-Romantik liegt über dem heruntergekommenen, steil abfallenden Stich zur tosenden Rue de la République, die den Panier nach Osten begrenzt. Von Sanierung keine Spur – hier wirkt der Panier mit blätternden Fassaden und Wäsche vor dem Fenster wie in Izzos Büchern.

Geglückte Sanierung

Die den Panier überragende **Vieille Charité** 10 ist ein Werk von Pierre Puget. Der Bildhauer, Maler und Barockbaumeister begann 1671 mit dem Bau des Armenhospizes am höchsten Platz des Hügels. Allein der Blick in den Innenhof ist überwältigend: die ovale, im Stil des italienischen Barocks errichtete Kapelle im Zentrum wird von vier arkadengesäumten, dreigeschossigen Flügelbauten flankiert. Heute perfekt saniert, musste der Komplex 1962 wegen Baufälligkeit evakuiert werden. Dann begann der Umbau zum Museum.

Das **Musée d'Archéologie méditerranéenne** in der ersten Etage zeigt antike Kunst aus dem gesamten Mittelmeerraum. Die ägyptische Abteilung verdankt ihren reichen Fundus Antoine Clot-Bey (1793–1868), der als Arzt des ägytischen Vizekönigs Mehemet Ali zu großem Einfluss gekommen war. Gegenstände des täglichen Lebens, Schmuck, Statuen von Pharaonen und Fayencen lassen das antike Ägypten vom alten Reich um 2700 Jahre v. Chr. bis zu den Kopten des 4. Jh. n. Chr. wiedererstehen. Nur der Pariser Louvre besitzt eine bedeutendere Sammlung.

Das **Musée des Arts africains, océaniens, améridiens** im zweiten Stock entführt in die Kulturen Afrikas, Ozeaniens und Amerikas. Auf schwarzem Hintergrund werden Masken aus Gabun, Burkina-Faso und von der Elfenbeinküste gezeigt. Makaber mag die weltweit enzigartige Sammlung von verzierten Schädeln von der südpazifischen Insel Vanatu erscheinen, oder auch ein Trophäenkopf aus den Regenwäldern Brasiliens. Bunt und lebenslustig wird es gleich danach in der mexikanischen Abteilung mit Karnevalsmasken und geschnitzten Figuren.

Daily Soap-Mekka

Fans, die auf der Suche nach den Schauplätzen der Seifenoper »Plus belle la vie« sind, werden an der **Place des Treize Cantons** fündig, wo das Eckcafé Le Bar des Treize Coins, erkennbar an den Comics auf der knallroten

Von Marseille bis zu den Îles d'Hyères

Fassade, als Vorlage für das Café Mistral gedient hat. Hier findet sich auch die Boutique **Officielle Plus Belle la Vie** **1** (56, rue Ste-Françoise, www.boutiquepblv.free.fr, Di–Sa 11–19 Uhr), die offizielle Devotionalienboutique der in Marseille gedrehten Kultserie. Wer will, kann sich hier mit DVDs aller Episoden, T-Shirts, Kappen, Bücher, Postkarten, Poster etc. eindecken.

Ältester Platz der Stadt

Die Rue Ste-Françoise scheint Achterbahn über den Altstadthügel zu fahren. Aus einem Fenster säuselt Aicha von Kalhed, dem König des algerischen Rai. Es riecht nach exotischen Gewürzen, Gelbwurz, Chilischoten, Curry. Ein kleiner Schlenker und man betritt die **Place de Lenche**, die als ältester Platz von Marseille gilt. In der Antike lag hier die Agora der griechischen, später das Forum der römischen Siedlung. Im 16. Jh. siedelte sich der Adel am Platz an. Ringsum laden Caféterrassen dazu ein, sich mit Blick auf den Vieux Port und Notre-Dame-de-la-Garde niederzulassen. Der Kreis schließt sich: Jean-Claude Izzos Vater Gennaro arbeitete als Kellner an der Place de Lenche.

Info

Führungen über den Panier finden bei ausreichend Teilnehmern samstags im Sommer um 10, sonst um 14 Uhr statt. Reservierung: Office de Tourisme von Marseille (s. S. 39), 7 €.
www.jeanclaude-izzo.com: Hier findet man alles zum im Jahr 2000 verstorbenen Krimiautors Jean-Claude Izzo.
www.plusbellelavie.org: Website der Serie »Plus belle la vie«.

Museen

La Vieille Charité **10**: Innenhof tgl. 10–18, Museen Juni–Sept. Mi–Mo 11–18, Okt.–Mai 10–17 Uhr, www.vieille-charite-marseille.org

Essen und Trinken

Charité-Café **1**: 2, rue de la Charité, Tel. 04 91 91 08 41, Di–So 9–17 Uhr, Salate 7–8 €, Tagesgericht um 10 €. Kleine Karte mit einfachen Speisen, nette Terrasse plus tollem Blick in den Innenhof der Vieille Charité.

Einkaufen

Place aux Huiles **2**: 2, pl. Daviel, 10–13, 14–19 Uhr. Die puppenstubige Boutique überrascht mit großer Auswahl an provenzalischen Spezialitäten wie Olivenöle, Tapenades, Fleur de sel aus der Camargue, Frucht- und Blumenblütensirups aus Grasse, Mandelplätzchen, Auberginenkaviar etc.
Arterra **3**: 15, rue du Petit Puits, www.santons-arterra.com, Mo–Fr 9–13, 14–18, Sa 10–13, 14–18 Uhr. Neben traditionellen Santons stehen handgefertigte und -bemalte Figuren von Farandole-Tänzern, Seemänner sowie die Maler Cézanne und Van Gogh.
Le Comptoir du Panier **4**: 5, rue de la Prison, www.lecomptoirdupanier.com, Di–Sa 10.30–18.30 Uhr. Sympathischer kleiner Laden, der Streetwear aus Marseille wie Sweatshirts, T-Shirts, Taschen von La Méchante Sardine, Les Pitchounes, Tcheka vertreibt.
La Chocolatière du Panier **5**: 4, pl. des 13 Cantons, www.chocolatieredupanier.skyrock.com, Di–Sa 10–13, 14–18.30 Uhr. Madame LeRay stellt Schokoladenbarren mit Zwiebeln, Ingwer und allen möglichen Zutaten her. Für die gewagt komponierten Köstlichkeiten (47 €/kg) eilte schon Ex-Staatspräsident Chirac in die winzige Boutique auf den Altstadthügel.

garde-Architekten Le Corbusier von 1952. Grandiose Sicht von der Dachterrasse, die wie ein Skulpturengarten wirkt.

Frioul-Inseln `12`

Ab Vieux Port bis zu 20 Überfahrten pro Tag mit Frioul If Express, 1, quai de la Fraternité, Tel. 04 91 46 54 65, www.frioul-if-express.com, 15 €
Von den 4 Inseln sind **Ratonneau** und **Pomègues** mit Badestränden und Wanderwegen gesegnet und durch einen Deich verbunden. Die **Île d'If** (9–18.30 Uhr, 5 €) ist dank des Château, in dem Alexandre Dumas seinen Graf von Monte-Christo schmachten ließ (1846), ein beliebtes Ausflugsziel.

Übernachten

Panier-Idylle – **La Maison du Petit Canard** `1` : 2, Impasse Sainte-Françoise, Tel. 04 91 91 40 31, www.maison.petit.canard.free.fr, DZ/F 55 €, FeWo 4/Pers. 380 €/Woche. B&B auf dem Altstadthügel – schlicht, aber gemütlich.
Cheap & chic – **Vertigo** `2` : 42, rue des Petites Maries, Tel. 04 91 91 07 11, www.hotelvertigo.fr, EZ/DZ 55–70 €, 4–6-Bettzimmer 25 €/Pers. Für Backpacker des 21. Jh. Besonders reizvoll ist Zimmer A 41 mit Terrasse, auf der man über die Stadt zu schweben scheint.
Orientalisch – **Le Ryad** `3` : 16, rue Sénac, Tel. 04 91 47 74 54, www.leryad.fr, EZ 75–100, DZ 95–120 €. Interieur wie aus einem marrokanischen Stadtpalais: Diwan zum Chillen, Wände in Saharabeige, mit lauschigem Brunnenhof.
High-End-Design – **Casa Honoré** `4` : 123, rue Sainte, Tel. 04 96 11 01 62, 06 09 50 38 52, www.casahonore.com, DZ/F ab 150 €, 4 luxuriöse Designzimmer um einen Patio, mit Pool.
Marseiller Design – **New Hotel of Marseille** `5` : 71, bd. Charles Livon, Tel. 04 91 31 53 15, www.newhotelofmarseille.com, DZ 215–260 €. Die Re-

zeption befindet sich im 1900-Pavillon des ehemaligen Institut Pasteur. Im Neubau puristische Zimmer, von Marseiller Künstlern entworfen.

Essen und Trinken

Charité-Café `1` s. S. 36
Aussicht gratis – **La Buvette du Chalet** `2` : Jardin du Pharo, Tel. 04 91 52 80 11, April, Sept.–Okt. nur mittags, Mai–Aug. auch abends, Tagesgericht um 12 €. Einfaches Lokal mit Plastiktischen unter Bäumen am Wasser. *Steak frites,* Salat und Aussicht auf den Hafen.
Ungewöhnliches Konzept – **Café Populaire** `3` : 110, rue Paradis, Tel. 04 91 02 53 96, Di 9–15, Mi–Fr 9–22.30, Sa 12–23 Uhr, à la carte 20–30 €. Über der coolen Theke baumeln spanische Pata-negra-Schinken, die Tische stehen unter dem Glasdach einer ehemaligen Werkstatt. Gute Frühstückskarte.
Klein und fein – **Le Café des Epices** `4` : 4, rue Lacydon, Tel. 04 91 91 22 69, Sa abends, So, Mo geschl., Formule 21–24, Menü 27–42 €. Im lichten Saal gibt es 20 Plätze, dazu ein kleine Terrasse. Risotto mit Herzmuscheln und Kaninchenragout mit Anchovis.
Trendsetter – **Le Moment** `5` : 5, pl. Sadi Carnot, Tel. 04 91 52 47 49, Mo, Di abends u. So geschl., Formule 19, Menü 25 (nur mittags), Menü sonst 45–65 €. Gourmetrestaurant mit farbenfrohem, dabei puristischem Intérieur. Nebenan gibt es einen Gourmet-Takeaway.

Ausgehen

Shabby Chic – **La Caravelle** `1` : 34, quai du Port, 7–2 Uhr. Bar im 1. Stock des Hotels Bellevue, mit Balkon zum Vieux-Port. Drei kleine Säle im shabby-chic-Stil. Mittags funktioniert die Bar als Restaurant (à la carte 15–20 €).
An Deck – **Le Marlin** `2` : 7, pl. aux Huiles, Di–So 17–2 Uhr. Regelmäßige DJ-Auftritte und Live Acts (ab 23 Uhr).

Von Marseille bis zu den Îles d'Hyères

La Corniche und die Strände

Längs des Uferboulevards reiht sich Strand an Strand. Mit der **Plage des Catalans** beginnt das Badevergnügen inklusive Beach-Volley-Feld. Weiter südlich folgt mit der **Anse de Malmousque** eine winzige Kieselbucht. Noch weiter östlich die **Plage du Prophète** mit dem von Felsen gerahmten Sandstrand.

Je nach Strandabschnitt unterschiedlich genutzt wird der **Parc balnéaire du Prado.** Immense Rasenflächen säumen den ersten Strand, die **Plage de David.** Hippe Restaurants und Bars befinden sich an der **Plage Borély.**

Das Kieselband der **Plage Bonneveine** ist ein Paradies für Surfer. Unter Jugendlichen ›in‹ ist die **Plage de la Vieille Chapelle** wegen des Skater-Parcs. Als familiärer Sandstrand bewährt sich die **Plage de la Pointe Rouge.**

Kellergewölbe – **Le Trolleybus** **3**: 24, quai de Rive-Neuve, Do–Sa 23.30–5 bzw. 6 Uhr, www.letrolley.com. Kellerlabyrinth: in einem Keller Funk, im nächsten Hardrock und Techno.

Coolest place in town – **Oogie!** **4**: 55, cours Julien, Mo–So Bar-Brasserie 8.30–19, Do Nocturne mit DJ bis 23 Uhr, www.oogie.eu. Rangiert ganz oben auf dem Szenebarometer.

Einkaufen

1 – **5** s. S. 36

Feine Düfte – **La Compagnie de Provence** **6**: 1, rue Caissière, www.compagniedeprovence.com, tgl. 10–19 Uhr. Savon de Marseille, Cremes, Massageöle, Duftöle, Badezusätze.

Pastis – **La Maison du Pastis** **7**: 108, quai du Port, 10–14, 16.30–19.30 Uhr, www.lamaisondupastis.com. 100 verschiedene Pastis plus passende Gläser.

Le Vélo heißt das städtische Radleihsystem mit 130 Ausleihstationen und 800 Fahrrädern. Die erste halbe Stunde ist frei, jede weitere volle Stunde kostet 1 €. Bezahlt wird mit der Kreditkarte am Automat, www.levelo-mpm.fr.

Gewürzplätzchen – **Le Four à Navettes** **8**: 136, rue Sainte, 7–19 Uhr. Älteste Bäckerei der Stadt.

Sport und Aktivitäten

Kajak – **Raskas Kayak** **1**: Auberge de Jeunesse de Bonneveine, Imp. du Docteur-Bonfils, Tel. 04 91 73 17 16, www.raskas-kayak.com. Exkursionen in die Reede von Marseille und die Calanques.

Segeln & Surfen – **Pacific Palissades** **2**: Port de la Pointe Rouge (8 km südl. des Stadtzentrums), Tel. 04 91 73 44 11, www.pacific-palissades.com, Feb./März, Nov./Dez. 10–17, Okt. 10–18, April/Mai, Sept. 10–19, Juni–Aug. 10–20 Uhr. Segel- und Surfschule, Frankreichs größter Surferclub. Alle Levels, coole Atmosphäre, Materialverleih (Surfbrett, Funboard, Kanu, Kajak, etc.).

Tauchen – **Les Plaisirs de la Mer** **3**: 1, quai Marcel-Pagnol (beim Fort St-Nicolas an der Einfahrt zum Vieux Port), Tel. 04 91 33 03 29, www.plmclam.free.fr. Kurse für alle Niveaus, für Fortgeschrittene Wracktauchen.

Marseille ist **Taucherhochburg**: 250 Tauchspots zwischen La Ciotat und Sausset-les-Pins sowie 80 Schiffs- oder Flugzeugwracks!

Informationen und Termine

Office de Tourisme et des Congrès:
4, la Canebière, 13001 Marseille, Tel. 04 91 13 89 00, Mo–Sa 9–19, So/Fei 10–17 Uhr, www.marseille-tourisme.com

Métro/Straßenbahn/Bus
Métro (So–Do 5–21, Fr/Sa 5–0.30 Uhr) und Straßenbahn (5–1 Uhr), www.metro-tramway-marseille.com, und Fluobus (21.30–0.45 Uhr)

Fête du Panier: www.fetedupanier.org, um den 20. Juni. Marseilles malerisches Altstadtviertel feiert sich mit Konzerten, öffentlichem Ball, Ausstellungen. Geht nahtlos über in die **Fête de la Musique** am 21. Juni.

Festival de Jazz des 5 continents: Juli, Europa, Afrika, Asien, Nord- und Südamerika sind beim Jazzfestival der 5 Kontinente zu Gast, www.festival-jazz-cinq-continents.com.

World Series 13: Juli, Beach-Volley-Turnier, www.worldseries13.com.

La Fiesta des Suds: Okt., Klänge und Rhythmen der Musik des Südens, www.fiesta-des-sud.org.

Cassis ▶ B/C 6

Im Osten stürzt das **Cap Canaille** aus 362 m Höhe ins *grand bleu,* im Westen rahmt das **Cap de la Gardiole** die Bucht. Dazu locken nur einen Steinwurf entfernt die **Calanques** (▌ direkt 2 ▐ S. 40) und die **Route des Crêtes** (S. 44). So wundert es kaum, dass Cassis (7800 Einw.) sommers bis zu 35 000 Besucher sind und auf dem Weg sind, mit Nobelboutiquen, Sternerestaurant und Design-B&B's zum In-Place zu werden. Außerdem ist Cassis ein Winzerort – der trockene, nach Myrte und Rosmarin mundende Weißwein genießt mittlerweile geradezu Kultstatus. Sehenswert ist das **Hôtel de Ville** mit der vornehmen Fassade eines ehemaligen Adelspalais samt Ehrenhof und Fresken im Inneren.

Auf dem Fußweg zwischen Plage de la Grande Mer und der Bucht von Corton führt die **Promenade des Lombards** zur Pointe des Lombards.

Château

Die imposante Burg mit 5800 m² großem Geländes ist in Privatbesitz – Zugang bekommt, wer sich in einer der sündhaft teuren Chambres d'hôte einmietet (DZ 220–690 €, www.chateaudecassis.com).

Übernachten

Altstadt-Hideaway – **Le Clos des Arômes:** 10, rue Abbé Paul-Mouton, Tel. 04 42 01 71 84, www.le-clos-des-aromes.com, Jan./Feb. geschl., DZ ab 70 €. In der Altstadt mit Innenhofgarten. Provenzalisch gehaltene Zimmer.

Art déco – **Astoria Villa:** 15, Traverse du Soleil, Tel. 04 42 62 16 60, www.astoriacassis.com, DZ/F ab 150 €. Komfortable, mit Antiquitäten des Art déco möblierte Villa. Pool, Seeblick.

Blick in die Reben – **Maison N°9:** 9, rue Docteur Yves Bourde, Tel. 04 42 08 35 86 oder 06 66 04 78 81, www.maison9.net, DZ/F ab 160 €. Durchgestylte Luxussuiten auf ehemaligem Weingut, Pool und Blick in die Weinberge.

High-End – **La Suite:** 18, av. de l'Amiral Ganteaume, Tel. 06 22 31 63 57, www.lasuitecassis.com, DZ/F ab 130 €. 3 Zimmer im 21.-Jh.-Trend, über der Plage de Bestouan. Grandiose Aussicht.

Essen und Trinken

Entspannt – **La Poissonnerie:** 6, quai Barthélemy, Tel. 04 42 01 71 56, Di–So, Menü ab 26 €. Ehemalige Fischhandlung mit über mehrere Säle verteiltem Restaurant, lockere Atmosphäre, viel Lokalkolorit. ▷ S. 42

2 | Calanques – Küstenwanderung von Les Goudes nach Cassis

Karte: ▶ A/B 6

Gut 400 m ragen die Kalkklippen über den Calanques empor. Die in der letzten Eiszeit entstandenen, an die 2 km tiefen Buchten zerschneiden einen 28 km langen Felsküstenstreifen, der sich von Marseille nach Cassis erstreckt. Kein Haus, kein Telefonmast stört die wilde Schönheit nackter Felsen und zugewucherter Talfurchen – die meisten Calanques sind für Autos gesperrt.

Der mit einem rot-weißen Doppelbalken markierte **Fernwanderweg GR 98** folgt ab der Calanque Callelongue der Felsküste. In Kehren und Kurven geht von einer Calanque zur nächsten, mal hoch über Steilfelsen oder am Strand lang bis ins Hafenstädtchen Cassis. Achtung: Die 23 km lange Wanderung ist anstrengend (8–9 Std.). Man sollte unbedingt Wasser, Verpflegung, Kopfbedeckung, Mobiltelefon mitnehmen. Gouffé-Kraut wuchert an Geröllhängen, die zu betreten man wegen Absturzgefahr tunlichst vermeiden sollte. Wo sich in Felsklüften Humus sammeln konnte, sprießen Zwergiris, Myrte, Rosmarin, Kermeseiche und Steinlorbeer. Habichtsadler, Wanderfalke, Uhu, Felsenschwalben, Blaumerlen oder Fahlsegler bevölkern die Felsen. Mit etwas Glück kreist sogar ein Bonelli-Adler über den Köpfen.

Strände zum Abkühlen

Von **Callelongue** 1 über einen breiten Geröllweg in einer knappen Stunde zu erreichen ist die **Calanque de Marseilleveyre** 2. Kahlbleiche Felsen rahmen den Strand. Das Szenario mit der Strandbar **Chez le Belge** 2 (Sommer tgl., sonst Sa/So, à la carte 20 €), Holztischen und windzerzausten Bougainvillea erinnert an Griechenland. In der **Calanque de Sormiou** 3 überschatten Pinien den Sandstrand. In der vom Cap Morgiou abgeschirmten **Calanque de Morgiou** 4 stehen schlichte Fischerbaracken. Bevor man die Bucht erreicht, führt ein Stichweg

2 | Von Les Goudes nach Cassis

an die Spitze des Kaps. Zu seinen Füssen liegt die nur per Boot erreichbare **Calanque de la Triperie** 5 . Aus ihrer Tiefe schlug 1991 die Nachricht von der Neuentdeckung einer Grotte wie eine Bombe ein. Die in 37 m Meerestiefe zugängliche Höhle, ist mit altsteinzeitlichen Felszeichnungen ausgeschmückt, die es mit denen von Lascaux aufnehmen können. Der Zugang ist verboten.

Weiter in Richtung Cassis folgen die **Calanque de Sugiton** 6 (FKK-Strand mit Inselchen und wild zerklüfteten Klippen) und die **Calanque du Devenson** 7 , die 318 m hohe Uferklippen überragen. Als Krönung der Wanderung gilt die **Calanque d'En-Vau** 8 . Felsnadeln rahmen die dramatisch schöne Bucht. Glasklares, türkisfarbenes Wasser schwappt an den Strand. In der Hochsaison oder an Wochenenden ist allerdings jeder Quadratmeter belegt, da Ausflugsschiffe regelmäßig Badegäste in der Bucht absetzen. Ähnlich verhält es sich mit dem von Pinien gerahmten Sandstrand der benachbarten **Calanque de Port-Pin** 9 .

Wilde Schönheit – die Calanques

Rettung in letzter Sekunde

Konnte 1913 die Ausbeutung der **Calanque de Port-Miou** 10 (die längste Calanque liegt kurz vor Cassis und zählt nach dem verheerenden Waldbrand von 1990 heute mehr Schiffsmasten als Bäume) als Steinbruch nicht verhindert werden, siegten die Naturschützer bei ähnlichen Vorhaben in anderen Calanques. Seit 1975 steht das gesamte Gebiet unter rigorosem Naturschutz. Autos haben hier nichts mehr zu suchen, bei Brandgefahr werden Teile des Gebiets auch für Wanderer abgeriegelt.

Anfahrt
Ausgangspunkt ist Callelongue, von Marseille mit Bus 20 ab La Madrague de Montredon zu erreichen.

Wanderkarte
ign-Karte Nr. 3145 ET Marseille-Les Calanques, Maßstab 1:25 000

Bootstouren
Von Cassis Boote zu den Calanques d'En-Vau und Morgiou (www.ot-cassis.com); vom Quai des Belges in Marseille Ausflugsfahrten in die Calanques: Icard Maritime–Marseille Côté Mer (www.visite-des-calanques.com), Croisières-Marseille-Calanques (www.croisieres-marseille-calanques.com).

Essen und Trinken
La Grotte 1 : Calanque de Callelongue, Tel. 04 91 73 17 79, tgl., à la carte 30–35 €. Am schönsten sitzt man auf der Terrasse unter den Kletterrosen und genießt den frischen Fisch vom Grill.
Le Lunch 3 : Calanque de Sormiou, Tel. 04 91 25 05 37, Mitte März–Okt. tgl., à la carte ab 40 €. Fernsehköchin Sarah Wiener stand in der Küche für arte vor der Kamera: Die Bouillabaisse soll hier am besten schmecken.
Nautic Bar 4 : Calanque de Morgiou, Tel. 04 91 40 06 37, So abends, Mo, um Weihnachten und im Feb. geschl., à la carte ab 30 €. Patronne Sylvie serviert *petites fritures* und auf Vorbestellung Bouillabaisse.

Von Marseille bis zu den Îles d'Hyères

Weinbar

13 Weingüter umfasst die **AOC Cassis.** Angesichts der bescheidenen Produktion haben die meisten Winzer binnen Jahresfrist ihre Flaschen ausverkauft. Ein Grund mehr, sich an die Theke des Chai Cassidain zu begeben: Die Weine aller Weingüter sind hier im Ausschank.
Le Chai Cassidain: 6, rue Séverin Icard, Cassis, Tel. 04 42 01 99 80, So abends geschl., Bar bis 22.30, Boutique bis 20.30 Uhr, www.lechaicassidain.com

Palmenhain – **Les Garcons:** Plage du Bestouan, Tel. 06 78 49 83 05, April–Mai Do–So abends, Juni–Okt. tgl. außer Do abends, Menü am 35 €. Hinter dem Strand der Palmenhain, wo ein tgl. wechselndes Themendîner angeboten wird. Ab 23 Uhr After Dinner mit Dessert-Büffet, Café und Drinks.
Aufgehender Stern – **La Villa Madie:** Av. du Revestel, Tel. 04 96 18 00 00, Okt.–April Mo/Di geschl., Menü 97 €. Sternekoch Jean-Marc Banzo kam aus Aix, sah Cassis und erkochte sich flott den ersten Michelin-Stern.

Sport und Aktivitäten
Wandern: s. S. 43.
Tauchen: Centre Cassidain de Plongée, 3, rue Michel Arnaud, Tel. 04 42 01 89 16 und 06 71 52 60 20, www.centrecassidaindeplongee.fr. Tauchschule.

In der Umgebung
Strände: Plage de la Grande Mer, Sandstrand unterhalb der Promenade des Lombards. **Plage de Corton und de l'Arène,** kleine Buchten hinter der Pointe des Lombards. **Plage du Bestouan**, sichelförmige Badebucht im Westen, Sand und Kies. **Les Roches Plates**, noch weiter westlich. Glatte Felsen zum Sonnenbaden und ein Boot versorgt die Badenden mit Drinks und Eis.

Bootstouren in die Calanques: Ab Hafenkai mit den Bateliers Cassidains,

Tel. 04 42 01 90 83, www.calanques-cassis.com.

Route des Crêtes: `direkt 3 ▶` S. 43.

Information und Termine
Office de Tourisme: Quai des Moulins, 13260 Cassis, Tel. 08 92 25 98 92, www.ot-cassis.com

Veranstaltungen
Printemps du Livre: Ende April bis Anfang Mai, www.printempsdulivre-cassis.org. Festival mit Lesungen, Open-Air-Jazz, Filmen, Eintritt frei.
Fête de St-Pierre: letzter So im Juni bis Anfang Juli, mehrtägiges Fischerfest, Auftakt ist die Segnung der Boote.

Verkehr
Zug: Mo–Sa bis zu 25 Züge tgl. nach Marseille. Bahnhof 3 km außerhalb (Pendelbus ab Zentrum), www.voyages-sncf.com.

La Ciotat ▶ C 6/7

Im Westen Docks und Werften, dahinter der majestätische Fels des Bec de l'Aigle, im Osten Sandstrand samt Uferflaniermeile, Kasino und Thalassotherapiezentrum, in der Mitte eine charmante Altstadt – der Reiz von La Ciotat (32 000 Einwohner) liegt in der Mischung.   ▷ S. 45

3 | Höhentaumel – die Route des Crêtes

Karte: ▶ C 6

Die vom Wind gepeitschte Küstenhöhenstraße zwischen Cassis und La Ciotat entführt für 17 km in eine surreal anmutende Mondlandschaft. Den Anfang machen sanfte gewellte Weinberge, doch die eigentliche Attraktion sind Frankreichs höchste Klippen.

Hoch ans Kap

In Cassis hält man sich zunächst Richtung La Ciotat (D 559). Kurz hinter dem Ort zweigt rechts die **Route des Crêtes** (D 41a) ab. Sanft steigt die Straße durch die Reben der AOC Cassis zunächst an, bald schon geht es nur in engen Serpentinen steil bergauf. Bis zum **Cap Canaille** 1 hat sich die Route des Crêtes auf 362 m hochgeschraubt. Vom Aussichtspunkt an der Parkbucht taumelt der Blick ins bodenlose Blau des Mittelmeers. Im Westen leuchten die Inseln Riou, Calseraigne, Jarre im Wasser. Der Name leitet sich von Canalis mons ab: die Römer haben hier mehrere Kanäle gebaut, um das Wasservorkommen am Kap nach Cassis zu leiten.

Wanderabenteuer

Parallel, jedoch größtenteils in ausreichendem Abstand zum Asphaltband, folgt ein Wanderweg über den rotgelben Sandstein des Cap Canaille, durch duftendes Myrtegestrüpp, Baou-Gras, Rosmarin, wilden Fenchel und betörend blühende Zistrosen der Klippenkante. Die dramatische Fallhöhe bestimmt die Klippen zu einer traurigen Berühmtheit: An keinem anderen Ort der Côte d'Azur werden soviele Selbstmorde begangen wie längs der Route des Crêtes …

Der ›Höhepunkt‹

Wieder ein paar Kilometer weiter steht man am mit 399 m höchsten Punkt der **Falaises du Soubeyran** 2, der Grande Tête. Eine unscheinbare Plakette des Institut géographique national markiert

Von Marseille bis zu den Îles d'Hyères

am Boden die höchsten Klippen der Côte d'Azur. Trampelpfade locken noch näher an die Felskante – keine gute Idee, wenn der Wind mörderisch pfeift!

Auch geht es beileibe nicht kommod auf derselben Höhe weiter. Immer wieder sinkt die Strecke in eine tiefe Felsbresche, aus der man sich auf der anderen Seite wieder emporarbeiten muss. Die Kraxelei wird durch das lockere Geröll am Boden erschwert. Immer wieder wechselt die geologische Beschaffenheit der Felsen. Auf den an der Côte d'Azur seltenen Sandstein am Cap Canaille folgt der *poudingue*, verwitterter Buntsandstein mit eingeschlossenen, faustgroßen Kieseln, und dann wieder knochenbleicher Kalkfels.

Fluchtpunkt Leuchtfeuer

Nach gut der Hälfte führt die Strecke auf ein Signalfeuer zu. Wer mit dem Auto gefahren ist: eine Stichstraße zweigt von der D 41a zum auf 328 m gelegenem **Sémaphore** 3 ab. Das Leuchtfeuer wird von der französischen Marine betrieben und kann nicht besichtigt werden. – Nach Nordosten fliegt der Blick über eine Mondlandschaft kahler

Übrigens: Schilder warnen Autofahrer vor Seitenwinden, die den Wagen ordentlich durchschütteln können. Im Winter droht auf der Route des Crêtes zudem Glatteis.

Felsskulpturen, bevor er sich am Walfischbuckel des knapp 1200 m hohen **Massif de la Sainte Baume** fängt. Im Osten zeichnen sich die weißen Werftanlagen von La Ciotat vor dem tiefblauen Meer ab, nach Westen geht der Blick auf die Calanques.

Bergab nach La Ciotat

Von nun an geht's bergab. Einige Hänge sind mit Aleppokiefern bewachsen, die die nationale Forstbehörde ONF nach verheerenden Waldbränden wieder angepflanzt hat. In Trockenjahren erweisen sich die harzhaltigen Hölzer jedoch als echte Brandbeschleuniger, sodass man heute von weiteren Aufforstungen mit Aleppokiefern absieht, und lieber die Macchia mit ihren Ginsterbüschen und krüppeligen Kermeseichen wuchern lässt.

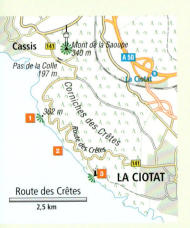

Info

Office Municipal de Tourisme Cassis: (s. S. 42). Bei starkem Wind sind Straße und Wanderweg gesperrt!

Taxis fahren von Cassis über die Route des Crêtes (45 Min.–1 Std., Tel. 04 42 01 78 96

Überlandbusse der Linie 72 (SCAC Cariane Provence, www.lepilote.fr) zw. Cassis und La Ciotat mehrmals tgl.

Wander- und Kletterausflüge: Pascal Rainette, 17, rue Bringier-Monnier, St-Zacharie, Tel. 04 42 72 76 27, www.provence-verticale.com

La Ciotat

Ehemaliges Hôtel de Ville/ Musée Ciotaden

1, quai Ganteaume, Juli–Aug. tgl. 16– 19 Uhr, Sept.–Juni Di geschl.
Präsentiert wird die Geschichte der Stadt von der Prähistorie bis zu den Filmpionieren Auguste und Louis Lumière.

Cinéma Eden

24, bd. Clemenceau
Das Erstlingswerk der Gebrüder Lumière hieß »Ankunft eines Zuges im Bahnhof von La Ciotat«. In der Nähe des Familiensitzes eröffnete 1895 Frankreichs erstes Kino, das Eden.

Notre-Dame de la Gardiole

Sommer Sa 16–18 Uhr
Sehenswerte Fischerkapelle ca. 3 km südwestlich über dem Cap de l'Aigle. Ein Wanderweg führt entlang der Küste (1 Std.). Schöne Exvotos!

Parc du Muguel

Av. du Muguel, April–Sept. 8–20, sonst 9–18 Uhr
Der historische Park liegt in einer engen Bucht und birgt Bambusgarten, Rosarium, Orangerie, aromatische Pflanzen und ein Belvedere zur Küste.

Übernachten

Originell – **République Indépendante de Figuerolles (RIF):** Calanque de Figuerolles, Tel. 04 42 08 41 71, www.figuerolles.com, DZ ab 45, Bungalow ab 92 €. Zimmer in einer kleinen Bucht, in die man 87 Stufen hinuntersteigen muss! Restaurant tgl. Mitte März bis Anfang Nov., Menü um 40 €.
Zwischen Palmen – **Ciotel Le Cap:** Corniche du Liouquet, (6 km östl.), Tel. 04 42 83 90 30, www.leciotel.com, März–Nov., DZ ab 145 €. Neubau am schönsten Strand der Stadt. Die Zimmer verteilen sich in Pavillons. Im Garten Palmen und Zedern. Pool mit Seeblick.

Essen und Trinken

Robinsongefühle – **La Calanque de Port d'Alon:** Port d'Alon (12 km östl. Richtung Bandol), Tel. 04 94 26 20 08, Menü ab 27 €. Strandrestaurant in unberührter Sandbucht. Über Holzkohlenfeuer gegrillter Fisch.
Lavendelblau – **Auberge Le Revestel:** Corniche du Liouquet, Tel. 04 42 83 11 06, www.revestel.com, So abends u. Mi geschl., Menü 41 € (mittags unter der Woche 27 €). Hinter den lavendelblauen Fensterläden verbirgt sich der beste Tisch am Ort. Fisch!

Strände

Clos-des-Plages (Osten): langer Sandstrand. Kies-Sand-Strand in der **Calanque de Figuerolles** im Westen. Felsgerahmter Sandstrand mit Pinienwald in der **Calanque d'Alon** (12 km östl., Küstenwanderweg ab La Madrague).

Einkaufen

Märkte: Di morgen, pl. Evariste-Gras. So morgen am alten Hafen. Juli–Aug. Handwerkermarkt tgl. ab 20 Uhr am alten Hafen.

Ausgehen

Tanzen – **Sur les quais:** 46, quai François Mitterrand, www.yclc.com. Ehemaliger Hangar am Jachthafen, in dem Do/Fr/Sa Konzerte veranstaltet werden, Mo und Mi Salsa unterrichtet wird.

Sentier soumarin: Im Sommer führen Öko-Guides in der Calanque de Port d'Alon in die unterseeische Fauna und Flora ein. Maske, Schnorchel, Schwimmflossen werden bei der Wasserwanderung gestellt. Juni, Sept. Mo–Fr, Juli/Aug. Di–So, 18 €, Kinder 15 €.

45

Von Marseille bis zu den Îles d'Hyères

Information und Termine
Office de Tourisme: Bd. A. France, 13600 La Ciotat, Tel. 04 42 08 61 32, www.tourisme-laciotat.com.

Veranstaltungen
Acampado dei viei careno: Christi Himmelfahrt, Regatta alter Segelschiffe.
Festival Berceau du Cinéma: Anfang Juni, Filmfestival junger Talente.

In der Umgebung
L'Île Verte: Fähre ab Hafen, Juli/Aug. alle 30 Min. Mai–Juni, Sept. stdl., 9 €. Vom Inselchen hat man einen schönen Blick auf das Cap de l'Aigle.

Das Umland von La Cadière-d'Azur: `direkt 4` ▶ S. 47

Bandol ▶ D 7

Belle-Époque-Villen an der Uferpromenade erinnern an die frühe Entdeckung von Bandol (8000 Einw.) durch betuchte Urlauber wie die Schriftstellerin Katherine Mansfield. Der Wein (seit 1941 AOC) sorgt ebenfalls für Wohlstand. Und die Anzahl der Segelboote im Hafen erreicht mit 1600 Ankerplätzen geradezu Flottenstärke.

Am **Quai du Port** flanieren unter Palmen und Pinien Gäste, während Einheimische die Boulekugeln klacken lassen. In den 1930er-Jahren promenierte hier Revuestar Mistinguett mit Galan Maurice Chevalier.

Übernachten
Stilles Viertel – **Bel Ombra:** Rue de la Fontaine, Tel. 04 93 34 90 14, www.hotel-belombra-bandol.com, April–Okt., DZ ab 70 €, Mitte Juli–Aug. nur mit HP ab 66 €/Pers. Kleines Hotel, familiär und herzlich.

Belle-Époque-Charme – **Golf Hôtel:** Plage de Renécros, Tel. 04 94 29 45 83, www.golfhotel.fr, April–Okt., DZ ab 70 €. Strandhotel in ehemaligem Kasino im neoarabischen Art déco-Stil. Einige Zimmer mit Balkon zum Meer.

Revuestar-Bleibe – **Île Rousse:** 25, bd. Louis Lumière, Tel. 04 94 29 33 00, www.ile-rousse.com, DZ ab 135 €. Die ehemalige Villa der Mistinguett, heute das erste Haus am Ufer. Zimmer von Louis XV bis Louis XVI, teils mit Blick aufs Meer und den Strand. Thalasso- und Wellnesscenter. Mit Gourmetrestaurant Les Oliviers (Menü ab 36 €).

Essen und Trinken
Bistro der Moderne – **Le Clocher:** 1, rue de la Paroisse. Tel. 04 94 32 47 65, Mi, in der Nebensaison auch So abends geschl., Menü 30–37 €. Frische Farben, kleiner Saal, kleine Terrasse, großartige Küche. Eine Entdeckung in der Altstadt!

Tapas & Wein – **KV & B:** 5, rue de la Paroisse, Tel. 04 94 74 85 77, Mi, Nebensaison auch So abends geschl., Menü ab 25, Formule ab 13 €. Piquillos, Jakobsmuscheln vom Grill, Weine im Glas.

Strände
Plage du Casino: goldgelber Sand beim Kasino. **Plage de Renéceros:** Sandstrand hinter der Westspitze der Bucht von Bandol.

Sport und Aktivitäten
Küstenwanderung – **Nach La Madrague:** 9 km lang, ab Plage de Renéceros, weiter über die Pointe du Défend und die Calanque du Port d'Alon.

Radverleih – **Holiday Bikes:** 127, rte. de Marseille, Tel. 04 94 29 03 32. Tourenräder und Mountainbikes. **Tipp:** Tour ab Ollioules (9 km östl.) über die schmale D 20 auf den Kamm des Gros Cerveau (429 m), wahlweise auch als Wanderung (Fernwanderweg GR 51). ▷ S. 49

4 | Provence en miniature – das Umland von La Cadière-d'Azur

Karte: ▶ D 6

Vom Strand in Les Lecques entführt die verbummelte D 266 in eine ›kleine Provence‹ mit Mandelbäumen und Weinfeldern. Schmucke Weingüter laden zur Probe des fruchtigwürzigen roten Bandol ein. Bäuerliche Ölmühlen werben mit Direktverkauf – die Côte d'Azur ist ganz nah, und doch so fern.

Zurück ins Mittelalter

Von **St-Cyr,** wo seit 1913 eine Kopie der New Yorker Freiheitsstatue den Hauptplatz mit seiner neogotischen Kirche ziert, geht es durch sanft gewellte Weinberge der AOC Bandol in das mittelalterliche **La Cadière-d'Azur** 1. Unterwegs lohnt der **Moulin de St-Côme** 2 einen Zwischenhalt: das Olivenöl der Mühle gilt als eines der besten der Provence. Daneben sind in der Boutique Savon de Marseille, Nougat, Lavendelhonig, Anchoiade und Pastis im Angebot (3 km vor La Cadière-d'Azur, Mo–Sa 9–12, 14.30–19, Winter 14–18 Uhr, www.moulinstcome.fr).

»Village de caractère« ist das zauberhafte Dorf La Cadière-d'Azur laut Ortsschild. Und man glaubt es gern. Die Lage auf einem Felskamm, Reste der mittelalterlichen Wehrmauern, drei Stadttore, die schmucke Pfarrkirche von 1508 (mit der heute ältesten Kirchenglocke der Provence!), die mit einem schmiedeeisernen Campanile gekrönte Tour de l'horloge, verschachtelte Gassen, gewaltige Bougainvilleen, zwanzig Winzer und zwei Genossenschaftskellereien machen den ausgesprochenen Charme des »Dorfs mit Charakter« aus.

47

Von Marseille bis zu den Îles d'Hyères

Literatur und Motorsport

Le Castellet **3**, das auf stolzen 283 Höhenmetern und dem **Ste-Baume-Massiv** im Hintergrund thront, ist seit den Dreharbeiten zum Film »La Femme du Boulanger« (1938) ein Mekka für Marcel-Pagnol-Fans. Der Provence-Schriftsteller ist Autor des gleichnamigen Romans. Entsprechend gut besucht sind die Boutiquen längs der charmanten, gepflasterten Gassen. Motorsportfans sagt der Name des Dorfs zudem etwas wegen der **Paul-Ricard-Rennpiste** an der N 8 in Richtung Aubagne. Etliche Autohersteller testen hier ihre neuen Modelle – wenn nicht gerade Motorradrennen ausgetragen werden (www.circuitpaulricard.com).

Lehrpfad zum alten Dorf

Das Dorf **Le Beausset** **4** ist Ausgangspunkt eines sich über knapp 3 km erstreckenden botanischen Lehrpfads und alten Pilgerwegs, der vorbei an elf Bildstöcken nach **Le Beausset-Vieux** ansteigt. Das alte Dorf auf 380 Höhenmetern, das um eine Befestigungsanlage errichtet wurde und vor Jahrhunderten zugunsten des heutigen, in der Ebene gelegenen Beausset verlassen wurde, besteht aus nicht viel mehr als der **Chapelle Notre-Dame** (winters 14–18, sommers 15–19 Uhr, besser, man fragt im Office de Tourisme nach, s. u.). Das romanische Kirchlein aus dem 12. Jh. hütet über achtzig Exvotos, die mit anrührend naiven Bildern an die Pest von 1720 oder die Cholera von 1849 erinnern. Eine weitere Attraktion ist eine Notre-Dame-Statue aus der Werkstatt des Barockkünstlers Pierre Puget.

Zurück an die Küste nach Bandol – immer durch die Weinberge der AOC Bandol – führt die D 599.

Info

Office de Tourisme de La Cadière-d'Azur: Pl. Charles-de-Gaulle, Tel. 04 94 90 12 56, www.ot-lacadieredazur.fr, Mo geschl.

Übernachten und Essen

Hostellerie Bérard **1** : Rue Gabriel-Péri, La Cadière d'Azur, Tel. 04 94 90 11 43, www.hotel-berard.com, DZ 96–175 €, Restaurant Mo/Di außer Juni–Aug. abends geschl., Menü 44–146 €, Bistro Mi/Do außer Juli/Aug. geschl., Menü 18–28 €. Komfortable Zimmer im provenzalischen Stil, verteilt über mehrere, aneinandergrenzende Dorfhäuser. Moderner AromaSpa im römischen Stil. Sterne-Küche, imposante Weinkarte der AOC Bandol. Von seinen Zunftgenossen wurde René Bérard zum Maître Cuisinier de France gekürt. Die mehrtägigen Kochkurse, die er mit seinem Sohn Jean-François etwas außerhalb des Dorfs in einem zauberhaften Landhaus gibt, sind Sinnenfreude pur.

La Femme du boulanger **2** : 5, rue Portail, Le Castellet, Tel. 04 94 32 65 33, tgl. 8–21, winters bis 19 Uhr und Mo/Di geschl. Dorfbäckerei mit köstlichen Kleinigkeiten für zwischendurch.

Einkaufen

Markt

La Cadière d'Azur: Do, Pl. Jean-Jaurès, und **Le Beausset:** Fr, So

Wein

Château de Pibarnon **1** : La Cadière d'Azur, Comte de Saint-Victor, südl des Dorfs via D 266, Tel. 04 94 90 12 73, www.pibarnon.com, Mo–Sa 9–12, 14–18 Uhr. Herrschaftliches Weingut mit einem der besten A.O.C. Bandol der Appellation, der fast ausschließlich aus Mouvèdre gekeltert wird.

Bootstour – Atlantide: Quai d'honneur, Tel. 04 94 29 13 13, www.atlantide1.com. Ausflüge in die Calanques, nach Porquerolles und zu den Îles des Embiez.

Ausgehen

Fifties reloaded – **Tchin-tchin Bar:** 11, allée Jean Moulin, www.tchintchin.fr. Witzige Bar im Fünfziger-Jahre-Stil. Cocktails, Events.

Einkaufen

Wein – **Oenothèque des vins de Bandol:** Pl. Lucien-Artaud, tgl. 10–13, 15–19 Uhr, So nachmittag geschl. www.maisondesvins-bandol.com. Führt gut zwei Dutzend Châteaux der AOC.

Information und Termine

Maison du Tourisme: Allées Vivien, 83150 Bandol, Tel. 04 94 29 41 35, www.bandol.fr

Fête du Millésime: Weinfest am 1. So im Dez.

In der Umgebung

Île de Bendor: Inselchen 200 m vor der Küste, gehört dem Spirituosenkönig Paul Ricard. »Exposition universelle des vins et spiritueux« (Juni–Sept. 11–19 Uhr, gratis). Fähren 7–2 Uhr, hin und zurück 10 €, www.bendor.com.

Sanary-sur-Mer ▶ D 7

1890 wurde aus San Nazari das für Pariser Ohren eingängigere Sanary (15 000 Einw.). Bunte Fischerboote gaukeln heute neben weißen Jachten Nostalgie vor. Sanarys schöner, in Rosa und Gelb getünchter Schein ist dank der urlaubergerechten Inszenierung unwiderstehlich.

Im Hintergrund hält der Bergrücken des **Gros Cerveau** kühle Festlandwinde von den Terrassen am Hafen ab –

auf denen sich in den 1930er-Jahren die deutsche Intelligenzia versammelte, `direkt 5 ▶` S. 50.

La Pointe du Bau-Rouge

Über den Boulevard Amiral-Courbet gelangt man zu Fuß in 15 Min. zur Kapelle **Notre-Dame de Pitié** am Kap, die einige hübsche Exvotos der Fischer birgt. Unten lockt der Strand von Port Issol. Wer noch Puste hat, kann 3 km weiter zur Pointe de la Cride gehen, von wo man einen schönen Blick auf die Buchten von Bandol und Sanary hat.

Musée de l'histoire de la plongée

La Tour romane (mittelalterlicher Wachtturm), Av. Gallieni, Sept.–Juni Sa, So 10–12.30, 14.30–17, Juli–Aug. tgl. 9–12, 16–19 Uhr, im Sommer und Sa/So 10–12, 14–18 Uhr, Eintritt frei Das kleine Museum widmet sich der Geschichte des Tauchens.

Übernachten

Hideaway mit Palme – **Synaya:** 92, chemin Olive, Tel. 04 94 74 10 50, www.hotelsynaya.fr, DZ ab 79 €. Charmantes Haus in stiller Lage, mit (Palmen-)garten und modernen Zimmern.

Camping – **Les Girelles:** 1003, chemin Beaucours (2,5 km außerhalb), Tel. 04 94 74 13 18, Ostern bis Ende Sept., www.lesgirelles.com. Viel Schatten, reiches Sportangebot, Supermarkt, Restaurant. 400 m zum Strand.

Am Hafen – **Hôtel de la Tour 1:** S. 52

Sport und Aktivitäten

Bootstouren – **La Croix du Sud:** Le Port, Tel. 06 09 87 47 97. Zu den Îles des Embiez und in die Calanques.

Strände

Kies-/Sandstrand am Ort. Im Westen Sandstrand von Port Issol. ▷ S. 53

49

5 | Auf den Spuren deutscher Exilanten – durch Sanary-sur-Mer

Karte: ▶ D 7

»Sur les pas des Allemands et des Autrichiens en exil à Sanary« heißt ein Rundweg, auf dem man auf die Suche nach den Häusern von Brecht, Werfel und den Manns gehen kann. Neben den Genannten sind 1933–1945 in Sanary ein paar Hundert deutsche und österreichische Intellektuelle ins Exil gegangen. Der kleine Hafen stieg laut Ludwig Marcuse für ein paar Jahre zur ›Hauptstadt deutschsprachiger Literatur‹ auf.

Da saßen sie nun im dunklen, bei den besten Schneidern von Berlin oder Wien bestelltem Tuch, das viel zu warm für die Sonne an der Côte d'Azur war. Diskutierten über Literatur, Philosophie und fragten sich, wie lange der Spuk daheim wohl noch dauern möge.

Wer kein eigenes Heim hatte, stieg im Hotel ab. Als ersichtlich wurde, dass der Aufenthalt im kleinen Hafen westlich von Toulon kein Provisorium bleiben würde, schaute sich die etwa 400 Köpfe zählende Künstler- und Intellektuellenschar nach einer festen Bleibe um. Die erste Bedrohung kam im Jahr 1940 mit der deutschen Besetzung Nordfrankreichs. Von den Einheimischen wurden die Exilanten zunehmend als Bedrohung empfunden, zumal deren finanzielle Quellen versiegten. Es kam zu Lokalverboten und tätlichen Übergriffen.

Mit dem friedlichen Dasein unter Palmen schlagartig ein Ende hatte es dann, als 1942 auch der Süden Frankreichs und damit Sanary von Hitlers Truppen besetzt wurde. Nach den deutschen kamen italienische, dann nach dem Sturz Mussolinis bis zur Befreiung im August 1944 erneute deutsche Truppen. Wer konnte, floh. Wem die Flucht nicht gelang, wurde in den sicheren Tod deportiert.

5 | Durch Sanary-sur-Mer

Gedenktafel am Hafen
Start zum **Sentier des écrivains exilés** 1 ist am Hafen, wo eine 1987 enthüllte Gedenktafel an der Maison du Tourisme knapp 40 Namen von Bert Brecht bis Stefan Zweig aufzählt. Der Hafen selbst blieb von den Sprengungen der Deutschen kurz vor ihrem Abzug 1944 verschont, weil der mit dem Zerstörungswerk beauftragte Leutnant den Befehl ignorierte.

Cafés am Hafen
Chez Schwob (heute: **Le Nautique** 1) hieß das Stammcafé vieler Exilanten am Quai de Gaulle. Im benachbarten **Café de la Marine** 2 hat Brecht antifaschistische Lieder gegen Goebbels und Hitler gesungen. Auch etwas weiter im **Café de Lyon** 3 trafen sich Österreicher und Deutsche, um über Nietzsche, den Weltkrieg und eventuelle Fluchtziele in Übersee zu diskutieren. Heute sind die Themen andere, und süßes »far niente« liegt über den Terrassen.

Beliebte Anlaufstelle
Das 1898 am Quai de Gaulle gegründete **Hôtel de la Tour** 1 ummantelt einen wuchtigen, mittelalterlichen Turm. Für viele Exilanten war der bis heute von der Familie Rubelli geführte Betrieb die erste Anlaufstelle. Manche blieben nur für eine Nacht, andere für Wochen. Das Gästebuch aus jenen Jahren ging leider verloren. Dafür taucht der pastellfarbene Bau in etlichen Briefen und Erinnerungen auf, so etwa bei den Geschwistern Klaus und Erika Mann.

Wohnen im runden Turm
»Es war ein Wachturm, den ein Maler mit mehr Geschmack als Sinn fürs Praktische eingerichtet hatte«, erinnert sich Alma Mahler-Werfel in ihrer Autobiografie. Die Rede ist von der **Villa Moulin Gris** 2 (Chemin de la Colline, gegenüber der Chapelle Notre-Dame-de-Pitié), die sie mit Franz Werfel 1938–1940 vom Pariser Maler Jean-Gabriel Daragnès gemietet hatte. Werfel wohnte im oberen Zimmer des markanten runden Turms, mit Blick aufs Meer – die Fenster sind heute zugemauert. 1940 konnten die beiden zusammen mit Heinrich, Nelly und Golo Mann über die Pyrenäen fliehen und sich von Lissabon nach New York einschiffen.

Feriendomizil
Regelrecht Hof hielten Thomas und Katia Mann in ihrer **Villa** mit dem trügerischen Namen **La Tranquille** 3 (Chemin de la Colline) – Sanary, von dem Ludwig Marcuse damals als der »Hauptstadt der deutschen Literatur« sprach, war den Manns schon vor 1933 bekannt. Tochter Erika und Sohn Klaus hatten Anfang der 1930er-Jahre das Fischerdorf auf ihren berühmt-berüchtig-

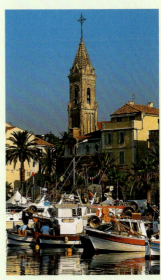

St-Nazaire verweist auf den urspünglich provenzalischen Namen des Örtchens

51

Von Marseille bis zu den Îles d'Hyères

ten Rivierareise besucht, und empfahlen es den Eltern als Exil. Zweimal, 1933 und 1936, verbrachte die Familie die Ferien in Sanary. Wie viele anderen Villen auch wurde La Tranquille 1944 in Erwartung der alliierten Landung gesprengt, um Flugabwehrgeschütze aufzustellen. Nur die Terrassentreppe ist original, der Bau darüber entstand erst nach 1945 neu.

Feuchtwangers Wohnort

Lion und Marta Feuchtwanger lebten 1934–1940 in der **Villa Valmer** 4 (Boulevard Beausoleil). Das Haus des Erfolgsschriftstellers wurde bald zum Mittelpunkt der Exilantengemeinde. 1940 wurde das Paar in die berüchtigten Lager Les Milles bei Aix und Gurs einbestellt. Feuchtwanger entkam als alte Frau verkleidet, Marta dank Verbindungen zu einflussreichen Freunden. Nach der Ausreise in die USA schrieb Feuchtwanger »Der Teufel in Frankreich«, eine Abrechnug mit Besatzern und Kollaborateuren.

Räderscheidts Villa

Der Maler Anton Räderscheidt und seine Gefährtin, die Fotografin Ilse Salberg ließen 1938 die **Villa Le Patio** 5 (Av. des Pins) bauen und betrieben dort ein kleines Restaurant. 1940 wurde Räderscheidt in Les Milles interniert. Zwei Jahre später konnte er in die Schweiz fliehen. Ilse Salberg wurde in Gurs interniert und entkam ebenfalls in die Schweiz. Ernst Mayer, dem Sohn der Fotografin, gelang die Flucht jedoch nicht. Er wurde deportiert und in Auschwitz ermordet.

Literarisches Denkmal

Der elsässische Schriftsteller René Schickelé fand mit seiner Frau Anna in der Villa La Ben Qui Hado 6 (Rond-Point Stellamare) 1933 Unterschlupf. Gartenmauer und das schmiedeeiserne Tor sehen noch immer so aus wie damals. Im Roman »Die Witwe Bosca« setzte er Sanary-sur-Mer unter dem Namen Ranas-sur-Mer ein literarisches Denkmal.

Infos

»Sur les pas des Allemands et des Autrichiens en exil à Sanary 1933–1945«

Sanary-sur-Mer

800 m

titelt eine Boschüre (3 €, auch auf Deutsch), die in der Maison du Tourisme (s. S. 53) verkauft wird.
Die Villen sind nur von außen zu besichtigen. Eine Plakette weist auf jedes der 21 Häuser und Orte hin.

Unterkunft und Essen

Hôtel de la Tour 1: Quai Général de Gaulle, Tel. 04 94 74 10 10, www.sanary-hoteldelatour.com, DZ ab 80 €, Restaurant Mi, außer Juli–Aug. auch Di geschl., Menü 35–50 €. Der Name des Hotels stammt vom mittelalterlichen Turm in seiner Mitte. Von den Zimmern schauten etliche Exilanten auf den Hafen. Von der Restaurantterrasse kann man den Fischern zuschauen, deren Fang frisch zubereitet auf den Tellern landet.

Information und Termine
Maison de Tourisme: 1, quai du Levant, 83110 Sanary-sur-Mer, Tel. 04 94 74 01 04, www.sanarysurmer.com

In der Umgebung
Îles des Embiez: Ab Hafen Le Brusc Fähre (bis zu 23 x tgl., 12 € www.lesembiez.com) auf die größte Insel des Zwergarchipels. Besucher sind in der Ozeanografischen Stiftung willkommen (Aquarium und Museum, tgl. 10–12.30 und 13.30–17.30 Uhr, Sept.–Juni Sa geschl., 4,50 €).

Toulon ► E 7

Die militärische Bedeutung wurde Toulon (167 000 Einwohner) in die geschützte Reede gelegt. Ludwig XII. befahl 1514 die ersten Bauten für einen Kriegshafen. Richelieu beschloss 1639 die Schaffung einer Kriegsmarine, deren strategisches Zentrum Toulon wurde. 1942 versenkten die Franzosen ihre Flotte vor dem Einmarsch der Deutschen im Hafen. Der Landung der Alliierten 1944 gingen schwere Bombardements des Hafens voraus. Mit 25 000 Marinesoldaten und 12 000 weiteren zivilen Angestellten bleibt die Marine größter Arbeitgeber. Die Altstadt überrascht als Mischung aus arabischer Medina, neapolitanischen Gassen und urprovenzalischen Plätzen wie der Place des 3 Dauphins oder der Place Puget.

Hôtel de Ville **1**
Quai Stalingrad
Vom barocken Hôtel de Ville am Hafen blieben nur die Atlanten von Pierre Puget. Der Rest fiel 1944 wie die gesamte Hafenfront den Bomben zum Opfer.

Musée National de la Marine **2**
Place Monsenergue, Sept.–Juni

Mi–Mo 10–18, Juli–Aug. tgl. 10–18 Uhr, www.musee-marine.fr, 5 €
Hier wird Toulons Seefahrtsgeschichte präsentiert, mit Galeonsfiguren und Fotos aus den Kolonialkriegen.

Cours Lafayette **3**
Der Boulevard am Ostrand der Altstadt lädt mit einem bunten Marché provençal (Di–So 7.30–12.30 Uhr) zum Schlendern unter Platanen ein.

Musée du Vieux-Toulon **4**
69, cours Lafayette Di–Sa 14–18 Uhr, Eintritt frei
Lokalgeschichte in Gravuren, Gemälden und alten Stadtplänen.

Kathedrale Ste-Marie **5**
Tgl. außer So nachmittag 8–12 und 14.30–19 Uhr
Mittelpunkt der Altstadt, der romanische bis barocke Stilelemente vereint. Schmiedeeiserner Campanile.

Musée des Beaux Arts **6**
113, bd. MaréchalLeclerc, Di–So 12–18 Uhr, Eintritt frei
Sammlung zeitgenössischer Kunst mit Werken u. a. von Christo, César, Sol Lewitt, Arman.

Übernachten
Altstadtjuwel – **Hôtel Le Dauphiné** **1**: 10, rue Berthelot, Tel. 04 94 92 20 28, www.grandhoteldauphine.com, DZ ab 65 €. Gut geführtes Haus mit modernen Zimmern in der Altstadt.
Zöllnerhaus – **Domaine St-Martin** **2**: Chemin du Fort du Cap Brun (10 km östl.), Tel. 06 10 18 64 98, www.cap-brun.com, DZ/F ab 100 €. Zöllnerhaus aus dem 17. Jh. mit 2 maritim gestalteten Gästezimmern, großer Terrasse und Aromapflanzengarten.
Eigener Strand – **L'Aumônerie** **3**: Carqueiranne (12 km östl.), 620, av. de

Toulon

Sehenswert
1. Hôtel de Ville
2. Musée National de la Marine
3. Cours Lafayette
4. Musée du Vieux-Toulon
5. Kathedrale Ste-Marie
6. Musée des Beaux Arts

Übernachten
1. Hôtel Le Dauphiné
2. Domaine St-Martin
3. L'Aumônerie

Essen und Trinken
1. Richardi
2. Au Sourd
3. Le Jardin du Sommelier

Ausgehen
1. Grand Café de la Rade
2. Le Navigateur

Sport und Aktivitäten
1. Les Bateliers de la Rade

Font-Brun, Tel. 04 94 58 53 56, www.laumonerie.com, DZ/F 110 €. Das Anwesen an einer Felsbucht hat einem Marineseelsorger gehört. Daher die Kapelle im Erdgeschoss, aus der Zimmer 3 wurde.

Essen und Trinken

Eis-Lounge – **Richardi** 1 : 25, rue de la Comédie, Tel. 04 94 64 66 39, So, Mo u. Aug. geschl., Menü ab 30 €, Formule ab 15 €. Aus dem Eissalon wurde eine trendige Lounge im Designlook.

Hyères

Höhenflug

Eine **Drahtseilbahn** (Abfahrt Bd. Amiral Vence, Juli–Aug. tgl. 9.30–19.45, sonst Di–So 9.30–12.15, 14–18 Uhr) gondelt zum Mémorial du Débarquement en Provence im Tour Beaumont (Museum zur Landung der Alliierten 1944, Di–So 9.30–12.30, 14.30–17.45, im Sommer bis 18.45 Uhr, 4,50 €) auf dem 524 m hohen Gipfel des Mont Faron. Der Blick auf Toulons Reede ist fantastisch!

Fischbastion – **Au Sourd** 2: 10, rue Molière, Tel. 04 94 92 28 52, So, Mo geschl., Menü 27 €. Ganz Toulon pilgert schon seit ewigen Zeiten an die Tische dieses legendären Restaurants, um *friture* (frittierte Fischchen) oder *bouillabaisse* (nur auf Vorbestellung) zu genießen.

Weinkenner – **Le Jardin du Sommelier** 3: 20, allée Courbet, Tel. 04 94 62 03 27, Sa mittags, So geschl., Menü ab 29 €. In-Adresse. Der Patron empfiehlt Langustinensalat mit Schweinsfüßchen, Cannelloni mit Schalentieren…

Strände
Plage du Mourillon: Hausstrand von Toulon östlich der Altstadt, Sand.

Aktivitäten
Mit dem Schiff – **Les Bateliers de la Rade** 1: Quai Cronstadt, Tel. 04 94 46 24 65, April–Sept. tgl. 9 €. Bootstouren durch die Reede.

Ausgehen
Jubel und Trubel bis spät in die Nacht am **Quai Cronstadt** und **Quai de la Sinse.**
Elegant, trendy – **Grand Café de la Rade** 1: 224, av. de la République, www.grandcafedelarade.com).
Live Konzerte – **Le Navigateur** 2 (128, av. de la République, 8–1 Uhr).

Infos und Verkehr
Office de Tourisme: 334, av. de la République, 83000 Toulon, Tel. 04 94 18 53 00, www.toulontourisme.com.
Fête Nationale: Nationalfeiertag 14. Juli, Feuerwerk über der Reede.

Verkehr
Zug: Bahnhof, Place Albert-1er, www.voyages-sncf.com. Von hier fährt der TGV mehrmals täglich in rund 4. Stunden nach Paris.

Hyères ▶ F 7

Die südlichste Stadt der Provence liegt nicht direkt am Wasser und mauserte sich doch ab 1830 zum prestigeträchtigen Reiseziel. 8000 Palmen, Hotelpaläste und Villen der Belle Époque künden vom Aufstieg. Heute tummeln sich Touristen an den Stränden der **Halbinsel von Giens,** die sich von Hyères aus 12 km in die Fluten vorschiebt.

St-Louis
Pl. de la République, Mo–Fr 9.30–12, 15–18.30, Sa 9.30–12 Uhr
Romanische Kirche, in der Ludwig der Heilige auf dem Rückweg vom Kreuzzug innegehalten haben soll.

Tour St-Blaise
Pl. Massillon, für Ausstellungen geöffnet, Mi–Mo 10–12, 16–19, So 14–17.30 Uhr, Eintritt frei
Romanischer, vom Templerorden errichteter Turm.

Von Marseille bis zu den Îles d'Hyères

Mode-Rendezvous

Einmal im Jahr trifft sich die internationale Modewelt in Hyères. Dabei geht es erstaunlich locker zu. Starallüren? Fehlanzeige. Beim dreitägigen **Festival international de mode et de photographie** in der Villa Noailles werden seit 25 Jahren Jungtalente vorgestellt oder entdeckt. Für Viktor & Rolf war das Festival Sprungbrett zur großen Karrierre, für das Berliner Duo C. Neeon der internationale Durchbruch, für die Letten Marite Mastina und Rolands Peterkops, die 2009 den Jury-Preis gewannen, ein Triumph. Fortsetzung folgt in jedem Jahr Ende April (www.villanoailles-hyeres.com).

Place St-Paul

Hoch über der Altstadt erläutert ein Orientierungstisch das Panorama. Die 700 Jahre alte Porte St-Paul war Teil der Stadtbefestigung. Daneben thront die Kirche St-Paul über dem Platz: 400 Votivbilder.

Villa Noailles

Montée de Noailles, Juli–Sept. Mi–Mo 10–12.30, 16–19.30, Fr nur 16–22, sonst Mi–So 10–12.30, 14–17.30 Uhr, Eintritt frei
Futuristischer Bau des Avantgarde-Architekten Robert Mallet-Stevens von 1924. Buñuel, Man Ray, Dalí waren Stammgäste. Dient für Designausstellungen. Eine besondere Attraktion ist der kubistische Garten.

Übernachten

Am Surferstrand – **Camping International de la Presqu'île de Giens:** 1737, route de la Madrague, Tel. 04 94 58 90 16, www.international-giens. com, ab 20 €/2 Pers. Hauptquartier einer internatinalen Surfergemeinde, nah zum Almanarre-Strand. Auch Mobile Homes und Wohnungen.
Klein & fein – **Hôtel du Soleil:** Rue du Rempart, Tel. 04 94 65 16 26, www.ho teldusoleil.fr, DZ ab 65 €. Altstadthotel mit freundlicher Patronne und ebensolchem Service.

Essen und Trinken

Die Provence auf der Zunge – **Les Jardins de Bacchus:** 32, av. Gambetta, Tel. 04 94 65 77 63, Sa mittag, So abend, Mo geschl. Graues Interieur, gehobene Provence-Küche, etwa Fischsuppe mit Anis.

Strände

Lange Sandstrände mit Pinien in Hyères-Plage. Sandbuchten an den Spitzen der Halbinsel von Giens. Surfer haben ihr Wellenparadies an der Plage d'Almanarre im Westen. FKK an der Plage des Salins östl. von Hyères.

Information und Termine

Office de Tourisme: 3, av. Ambroise-Thomas, 83400 Hyères, Tel. 04 94 01 84 50, www.hyeres-tourisme.com

Verkehr

Zug: Bahnhof Pl. de l'Europe, Tel. 36 35, www.voyages-sncf.com. TGV nach Paris, Expresszüge nach Toulon, Nizza, Marseille.

Halbinsel von Giens und Îles d'Hyères ► Karte 2

Von Hyères fährt man an den Pesquiers-Salinen vorbei in Richtung Giens (D 97). Radler nehmen hingegen die autofreie

Halbinsel von Giens und Îles d'Hyères

Straße längs der Strände auf der Westseite der Halbinsel von Giens. Mit etwas Glück gründeln Flamingos in den Salinen. Giens selber ist ein hübscher Hafenort. Von der Halbinselspitze bei **La Tour Fondue** scheinen die Îles d'Hyères dann zum Greifen nah. Alle 3 Inseln (knapp 500 Einw.) sind autofrei (bis auf die Wagen der Einheimischen) und vermitteln ein Bild von der Côte d'Azur vor dem Sündenfall in Beton.

Île de Porquerolles

Mit 8 x 2 km die größte Îles d'Hyères. Ein zauberhafter Inselort wird vom Fort Ste-Agathe oberhalb des Hafens bewacht. An der Nordküste finden sich goldgelbe Strände, der zerklüftete Süden eignet sich für Wanderungen. Üppige Vegetation dank vieler Quellen.

Île du Levant

Fast 90 % der kargsten unter den 3 Inseln sind militärisches Sperrgebiet. Auf den restlichen 100 ha fallen die Hüllen: Seit 1931 ist die Insel ein FKK-Mekka.

Port-Cros

Schnorcheln und Wandern auf Port-Cros, **direkt 6▶** S. 58

Übernachten

Halbinsel von Giens

Für Familien – **Le Mas du Port Augier:** Presqu'île de Giens, Tel. 04 94 58 22 13, FeWo für 2 Pers. 250–580 €, für 6 Pers. 600–1350 € pro Woche. Ein Dutzend FeWo und -häuser, dazu Campingplätze auf einem 3 ha großen Weingut an der Spitze der Halbinsel von Giens.

Porquerolles

Glyzinienpracht – **Les Glycines:** 22, pl. d'Armes, Tel. 04 94 58 30 36, www.auberge-glycines.com, DZ mit HP ab 109 €/Pers. Patio mit Feigenbäumen

und Glyzinien. Fröhliche Zimmer hinter blauen Fensterläden. Gutes Restaurant (tgl. Ende März–Okt., Menü ab 19 €).

Essen und Trinken

Silberstrand – **La Plage d'Argent:** Porquerolles, Chemin du Langoustier, Tel. 04 94 58 32 48, April–Sept., Formule 15, Menü um 45 €. Restaurant am schönsten Strand der Insel. Fisch und Meeresfrüchte.

Sport und Aktivitäten

Wanderwege auf allen 3 Inseln. 18 km langer Wanderweg um die Westspitze der Halbinsel von Giens. Start ist in La Madrague (gelbe Wegmarkierung). **Radverleih** auf Porquerolles und Port-Cros. Alle Anbieter direkt im jeweiligen Anlegehafen. Besonders gutes Radwegnetz auf Porquerolles.

Einkaufen

Wein – **Domaine de l'Île:** Porquerolles, 1,5 km östl. vom Dorf, Tel. 04 94 04 62 30, www.domainedelile.com. Würziger Rosé mit Myrte-Aroma. Probe und Verkauf n. V.

Information

Porquerolles: Bureau d'Informtations, Quarré du Port, am Hafen, Tel. 04 04 94 58 33 76, www.porquerolles.com. **Île du Levant:** Union des Commercants du Soleil levant, Tel. 04 94 05 93 52, www.iledulevant.com.fr. **Port-Cros:** s. S. 60.

Fährverbindungen

Von Hyères-Plage: TLV-TVM, Le Port, Tel. 04 94 57 44 07, www.tlv-tvm.com, Juli–Aug. 4 x, sonst 1–3 x tgl. **Von Giens:** TLV-TVM, La Tour Fondue, 5–20 x tgl., Tel. 04 94 58 21 81, www.tlv-tvm.com. **Von Le Lavandou:** Les Védettes Îles d'Or, 15, quai Gabriel-Péri, Tel. 04 94 71 01 02, www.vedettesilesdor.fr.

6 | Mekka für Aktive – Schnorcheln und Wandern auf Port-Cros

Karte: ▶ G 8 und Karte 2

Fabrice patscht mit der Schwimmflosse auf einen Fels: »Das ist unser Büro«, scherzt der Tauchlehrer vom Parc National de Port-Cros. Blanker Neid steigt hoch. Einen Sommer lang werden Fabrice und seine Kollegen Inselbesucher am La Palud-Strand in den Sentier soumarin einführen, bei Wassertemperaturen, die im August auf 29 °C steigen können. Fühlt sich an wie das Paradies. Ist es auch.

Eingepackt in Taucheranzüge gleitet man durch das wogende Poseidongras von Station Zwei des mit Bojen markierten Unterwasserparcours. Ein Pärchen königsblau-orange gestreifter Streifenlippenfische flutscht vorbei, ohne sich um die Besucher zu scheren. Ebenso unbeeindruckt flösselt ein Schwarm Goldstriemen heran. »Die Fische haben keine Scheu, sie wissen, dass ihnen vom Menschen keine Gefahr droht«, erklärt der Tauchlehrer. Wie zum Beweis funkelt am Riff des **Rocher du Rascas** ein Krake angriffslustig aus seiner Felshöhle an. Keine 250 m vom Strand entfernt gleicht das Meer einem gigantischem Aquarium mit gründelnden Rotbarben, die bei jeder abrupten Bewegung zwischen die Riffe flutschen, grün fluoriszierenden Anemonen und tiefvioletten Seeigeln. Sage und schreibe 1288 ha Meer stehen rund um Port-Cros unter dem Schutz des Nationalparks, dazu 700 ha nackte Felsen und die üppig grüne Inselchen eines Winzarchipels, dessen größtes Eiland Port-Cros selbst ist.

Am Hafen

Ein Dutzend ockerfarbener Häuser drängt sich um den winzigen Hafen des Dorfs Port-Cros. Königspalmen rascheln in der Brise. Es gibt nur ein paar, den Einheimischen vorbehaltene Autos, aber

6 | Schnorcheln und Wandern auf Port-Cros

keinen Fahrradverleih, keine Jet Skis. Tagesausflügler und Gäste der beiden Inselhotels gehen daher zu Fuß durchs Dorf, das mit seinen bunten Häuschen wie ein Piratennest aus Kinderbüchern wirkt. Im Süden hält das vorgelagerte **Bagaud-Inselchen** (Zugang verboten, um die Nistplätze von Seevögeln auf dem Felsen zu schützen) den Mistral ab.

Im Norden des Winzhafens beherrscht das **Fort du Moulin** `1` die Szenerie, hinter dem nach wenigen Gehminuten das noch größere, unter Kardinal Richelieu im 17. Jh. gebaute **Fort de l'Etissac** `2` auftaucht. Von seinen Mauern schweift der Blick übers Meer auf die Reede von Hyères, in seinen Mauern wird eine Ausstellung zur Geschichte der Insel und der Biodiversität von Fauna und Flora gezeigt (Juli–Aug. tgl. 10.30–17, Juni, Sept. tgl. 10–12, 14–17 Uhr, freier Eintritt).

Am Mont Vinaigre

Port-Cros, das mit dem wesentlich größeren **Porquerolles** im Westen und der wesentlich kargeren **Île du Levant** im Osten die **Îles d'Hyères** bildet, wurde 1963 zum Nationalpark erklärt, inklusive seiner umliegenden Gewässer. Die teils endemische Flora der mit dem Mont Vinaigre (196 m) bergigsten Hyères-Insel sowie die reiche Meeresflora stehen seither unter Schutz, können jedoch auf Lehrpfaden zu Land und zu Wasser (Taucherbrille nicht vergessen!) erkundet werden. Myrte, Mastixbaum, Baumerdbeere, wilder Ölbaum und Kermeseichen bereichern die Hochmacchia. In Ufernähe vermischen sich der Duft von Rosmarin, Zistrosen und wildem Lavendel mit dem salzigen Geruch des Meeres. Zelten, Feuer machen, Jagen oder Pflanzenpflücken sind strikt verboten. Über 30 km Wanderwege erschließen die wild zerklüftete Insel, die immer wieder für eine Überraschung

> **Übrigens:** Im Gegensatz zur überlaufenen Nachbarinsel Porquerolles wird der Besucherandrang auf Port-Cros geregelt – es fahren nur eine bestimmte Anzahl Fähren das Inselchen an. Rechtzeitig Reservieren!

gut ist: Mit etwas Glück pfeifft etwa am Mont Vinaigre eine Zwergohreule durch die Aleppokiefern. Ansonsten ist die Stille fast greifbar.

177 Vogelarten (26 davon brüten auf der Insel), 7 Feldermausarten, 265 verschiedene Schalentiere und 180 verschiedene Fischarten machen den natürlichen Reichtum der nur 4 mal 2,5 km großen Insel aus. Damit das so bleibt, ist das Reglement des Naturparks strikt. Die ausgewiesenen Wanderwege dürfen nicht verlassen werden, und die Besucherzahl darf je nach Saison eine bestimmte Zahl nicht überschreiten. Das Negativbeispiel von Porquerolles rechtfertigt diese Regeln. Fast 20 000 Besucher, die meisten davon Tagestouristen, fluten die Nachbarinsel in der Hauptsaison. Dabei ist die Trinkwasserzubereitung auf maximal 4500 Menschen ausgerichtet, weshalb Trinkwasserschiffe zur Notversorgung eingesetzt werden müssen.

Fotografen-Hideaway

Ganz im Osten thront ein wuchtiges Fort auf einer Felsspitze: **Le Fort de Port Man** `3`. Yann Arthus Bertrand, der berühmte französische Fotograf, der die Welt aus der Vogelperspektive ablichtet, hat den 500 Jahre alten Bau von der Verwaltung des Nationalparks gepachtet. Von den Mauern schweift der Blick auf die benachbarte Île du Levant. Ansonsten nur le Grand Bleu, und zehn Wanderminuten später die goldgelbe Sandsichel des Port-Man-Strands.

Von Marseille bis zu den Îles d'Hyères

Info
La Maison du Parc: La Capitanerie, Port-Cros, Tel. 04 94 01 40 70, www.portcrosparcnational.fr. Bei Waldbrandgefahr sind die Wege im Inselinnern gesperrt! Im Zweifel vorher anrufen.

Überfahrt
Von Hyères
TLV-TVM. Le Port: Tel. 04 94 57 44 07, www.tlv-tvm.com, Juli–Aug. 4 x, sonst 1–3 x tgl., 40 Min., ca. 25 € hin und zurück.

Von Le Lavandou
Les Védettes Îles d'Or: 15, quai Gabriel-Péri, Tel. 04 94 71 01 02, www.vedettesilesdor.fr, Juli–Aug. bis zu 10 x, winters 1 x tgl., 35 Min., ca. 25 € hin- und zurück.

Übernachten und Essen
Hostellerie provençale: Île de Port-Cros, Tel. 04 94 05 90 43, www.hostellerie-provencale.com; DZ/HP ab 198 €, *plat du jour* um 16 €. 5 Zimmer mit Blick auf die Palmen am Hafen, in einem kanariengelben Bau. Im Restaurant anständige Fischküche. Verleiht auch Boote und Kanus.
Le Manoir: Île de Port-Cros, Tel. 04 94 05 90 52, http://monsite.wanadoo.fr/hotelmanoirportcros, nur mit Halbpension, DZ/HP ab 320 €. Nicht die Zimmer (eher bescheiden), die exklusive Lage inmitten von Palmen und Eukalyptusbäume ist der Luxus. Das blütenweiße Herrenhaus von 1830 bettet sich in ein zum Meer öffnendes Tal, der Besitz reicht bis ans Wasser.

Tauchen
Sentier soumarin ∎: Plage de la Palud, Mitte Juni bis Mitte Sept. Di–Sa 10.40–15.45 Uhr. Gratiseinführung durch diplomierte Tauchlehrer. Schnorchel, Maske, Flossen müssen mitgebracht werden.
Sun Plongée ∎: Le Port, Tel. 04 94 05 90 16, www.sun-plongee.com, April–Nov. Die einzige Tauschschule der Insel bietet Kurse für Anfänger und erfahrene Taucher an. Materialverleih.

Wandern
Mehrere ausgeschilderte Wege. Der **Sentier des Plantes** vom Hafen zum La Palud-Strand führt durch üppig wuchernde Vegetation (1,5 Std.). Der **Sentier de Port-Man** folgt der Nordküste, führt an die zauberhafte Plage de Port-Man, und kehrt durch die geheimnisvolle Inselmitte zum Hafen zurück (4 Std.). Der **Sentier des Crêtes** erschließt die Steilklippen der Südküste (3 Std.).

Von Le Lavandou bis St-Raphaël

Bormes-les-Mimosas
▶ G 7

Das Bilderbuchdorf am Fuße des Maurenmassivs (7000 Einw.) versinkt im Winter in gelben Mimosenblüten – daher der Zusatz im Ortsnamen. Und deswegen gewinnt Bormes-les-Mimosas regelmäßig einen Platz beim Wettbewerb der blumengeschmücktesten Orte Frankreichs. Zum Ensemble üppiger Gärten, ockerfarbener Mauern, autofreier Gassen und Stiegen kommt die betörende Aussicht auf die Küste.

St-Trophyme
Über dem Portal der Barockkirche St-Trophyme grüßt eine Sonnenuhr. Im Innern glänzen zahlreiche Reliquienbüsten in mattem Gold.

Burgruine
Verfallene Burg aus dem 12.–14. Jh., in Privatbesitz. Vom Burgplateau Blick auf Le Lavandou und die Hyères-Inseln.

Unterkunft
Strandcamping – **Camp du Domaine:** Plage de la Favière, Tel. 04 94 71 03 12, www.campdudomaine.com, April–Okt. Riesige Anlage im 25 ha großen Pinienwald.
Hoteldinosaurier – **Le Grand Hotel:** 167, rte. du Baguier, Tel. 04 94 71 23 72, www.augrandhotel.com, DZ ab 58 €. Hotelkoloss der Belle Époque

Allein schon im Namen verrät sich Bormes-les-Mimosas als village fleuri

Von Le Lavandou bis St-Raphaël

oberhalb des Ortes mit tollem Fernblick. Modernisierte Zimmer, Pool.

Stylisch–provenzalisch – **Hostellerie du Cigalou:** 7, pl. Gambetta, Tel. 04 94 41 51 27, www.hostellerieducigalou.com, DZ ab 108 €. Hôtel de charme in attraktiver Dorflage, Zimmer im Neo-Provence-Stil gestaltete.

Essen und Trinken

Spielzeugladen – **La Tonnelle de Gil Renard:** pl. Gambetta, Tel. 04 94 71 34 84, Mi, Do mittags geschl., im Aug. nur abends geöffnet, Menü 38 €. Provenzalische Genüsse (Seebarsch mit Räuchersalz, Pieds et Paquets). Gils Frau Pascale hat den Saal zum Spielzeugladen umfunktioniert: Plüschtiere, Windmühlen, Puppen lassen Kinderaugen leuchten.

Strände (s. a. S. 63)

La Favière: 6 km südl. Langer, belebter Sandstrand.

Sport und Aktivitäten

Wandern: Der Fernwanderweg GR 51/90 nimmt vom Dorf seinen Verlauf in das Maurenmassiv: 5 Std. bis Collobrières (s. S. 68).

Einkaufen

Provenzalische Feinkost – **L'Atelier de cuisine gourmande:** 4, pl. Gambetta, tgl. 10–13, 16–19.30 Uhr. Mireille Gedda bietet hausgemachte Pâtisserie, Olivenöle, Tapenades …

Süßes – **Pâtisserie del Monte:** 36, pl. du Pin, tgl. 7–12.30, 15.30–19.30 Uhr, Nebensaison Mi, Do nachmittags geschl. Schokolade, Feigensorbet, Mandelplätzchen.

Information

Office de Tourisme: 1, pl. Gambetta, 83230 Bormes-les-Mimosas, Tel. 04 94 01 38 38, www.bormeslesmimosas.com

Le Lavandou ▶ G 7

Der goldgelbe Sandstrand von Le Lavandou (8500 Einw.) lockt seit den 1930er-Jahren Badegäste an (www.lelavandou.eu). Über der Bucht schimmern die Hyères-Inseln. Der kleine Badeort **St-Clair** schließt im Westen an. Rote Felsen rahmen den von Pinien beschatteten Sandstrand.

Essen und Trinken

Bouillabaisse – **Les Tamaris:** La Plage, St-Clair, Tel. 04 94 71 07 22, Juni–Aug. Di Mittag, sonst Di ganz geschl. Bouillabaisse 45 €. Der exzellente Fischeintopf wird auf Korkeichenrinde serviert.

In der Umgebung

Cap Brégancon: `direkt 7|` ▶ S. 63

Corniche des Maures ▶ G 7–H 6

Von Le Lavandou bis Cavalaire-sur-Mer wechseln roten Klippen, feine Sandstrände und überschaubare Örtchen.

Verbummelt ist **Le Rayol-Canadel**. Schmucke Villen, umgeben von alten Bäumen, und die **Domaine de Rayol** (tgl. 9.30–17.30, Juli–Aug. bis 19.30, Sept.–Okt bis 18.30 Uhr, 8 €, Führungen Tel. 04 98 04 44 00, www.domainedurayol.org): Der Park um die Art déco-Villa wurde rekonstruiert, reicht bis ans Wasser und dient für Veranstaltungen.

In **Cavalaire-sur-Mer** gibt es einen schönen 4 km langen Sandstrand mit Palmen und Mimosen im Hintergrund.

Übernachten

Sandburg – **Le Château de sable:** Av. des Anthénis, Cavalaire-sur-Mer, Tel. 04 94 00 45 90, www.chateaudesable.net, DZ/F ab 160 €. Elegante Villa aus den 1930er-Jahren. ▷ S. 65

7 | Wo der Präsident baden geht – Strandidyllen am Cap Brégancon

Karte: ▶ G 7

Ein Schloss schwimmt auf einem Felsinselchen im Wasser, stolz und uneinnehmbar, so wie es sich für die Sommerresidenz des Président de la République française gehört. Seit 1968 ist das Renaissanceschloss, das Napoleon 1793 befestigen ließ, die offizielle Sommerresidenz des französischen Staatsoberhaupts: »Pas de visite« auf dem Fort de Brégancon – Besuchergruppen im präsidialen Badezimmer, das ginge wirklich zu weit. Zum Baden laden die elf Strände, die im Westen folgen, ohnehin eher ein.

Umweltschützer

Pompidou kam häufig auf das Fort de Brégancon, Chirac eher selten, Sarkozy in Begleitung von Carla Bruni. Im nahen Dörfchen Cabasson ist man es so oder so zufrieden, denn die präsidentiellen Stippvisiten verhindern die Verschandelung am Küstenabschnitt von Port-de-Miramar bis zum Cap Blanc. Das gilt auch für das 225 m lange Sand- und Kieselband der **Plage du Fort de Brégancon** 1, dessen Ende ein paar pastellfarbene Bootshütten markieren. An der 375 m langen, feinsandigen **Plage de Cabasson** 2, die eine Felsnase weiter anschließt, gibt es das Strandcafé **L'Oasis** 1 mit Liegenverleih (Ostern bis Okt.) – und viel Ruhe.

Unberührte Strandparadiese

Nur über den Küstenwanderweg ab der Plage de Brégancon zu erreichen sind die beiden unberührten Strände **Plage du Grand Jardin** 3 und **Plage de la Vignasse** 4, auf derem Sand Robinsonträume wahr werden. Glasklares Wasser, schattenspendende Bäume und der Blick aufs Îlot de Jardin, ein unbewohntes Inselchen, rechtfertigen die Anstrengung. Und der Weg ist bereits das Ziel: über Felsen, Klippen und Sand

Von Le Lavandou bis St-Raphaël

entführt er an eine Côte d'Azur vor dem Sündenfall in Beton. Kostenfrei ist der Zugang auch noch – wie auch zu allen anderen noch genannten Stränden, wenn man den gelb markierten Sentier littoral (Plage Cabasson bis Plage Pellegrin ca. 5 Std.) nimmt. Oder man nimmt das Rad.

Wein und Wasser

Die Weinberge des herrschaftlichen **Château de Brégancon** 1 (www.chateaudebregancon.fr, nicht zu verwechseln mit dem gleichnamigen Fort!) wurden 1955 zum Cru classé geadelt. Im Verkostungsraum erfährt man mehr (tgl. 10–18, Juli/Aug. 9–19 Uhr). Doch der Blick geht über Reben, Palmen, Olivenbäumen zum Blau des Mittelmeers – die Zufahrt zur 475 m langen, weißsandigen **Plage de L'Estagnol** 5 (Ostern–Okt. 8 €), zu deren Attraktionen auch ein vielgerühmtes Strandrestaurant gehört, ist nah. Ist der Wagen einmal geparkt, macht die türkisfarbene Lagune des Strands automatisch in Südseegefühle.

Vom romantischen Schloss zum feinsandigen Strand

Ein paar Weinschlösser, eins schöner als das andere, ein verbummeltes Strässchen, Naturstrände, blühendes Hinterland – Frankreichs Präsidenten sind noch immer die besten Umweltschützer. Und Route des Rosés heißt das Sträßchen D 42 a von La Londe-des-Maures nach Cabasson, weil die Weingüter am Weg einen exzellenten Rosé produzieren. So etwa auf dem umwerfend schönen, von Rundtürmen flankierten **Château de Léoube** 2, auf das eine majestätische Palmenallee zuführt. Der Zugang zum seit 1830 in derselben Familie befindlichen Anwesen bleibt mit Unterstützung einer Schranke verwehrt, nicht so der zum neuen Probiergebäude etwas abseits (Mo–Sa 9–12, 14–18, Juli/Aug. tgl. 9–13, 15–19.30 Uhr). Ewas weiter, immer noch auf dem Gelände des Weinguts, zweigt der Weg zur knapp 1 km langen feinsandigen **Plage Pellegrin** 6 ab – die Zufahrt ist kostenpflichtig, das Paradies erschwinglich (April/Mai Sa/So, Juni–Sept. tgl. 8 €).

Info
Office Municipal de Tourisme Bormes-les-Mimosas: (s. S. 62)

Unterkunft
La Bastide des Vignes 1 : Bormes-les-Mimosas, 464, chemin du Patelin (von der D 559 Richtung Cabasson halten), Tel. 04 94 71 20 29, www.bastidedesvignes.fr, DZ/F ab 115 €. 5 luxuriöse Zimmer im Folklore-Designlook.

Essen und Trinken
Restaurant de L'Estagnol 2 : Route de Léoube, Bormes-les-Mimosas Tel. 04 94 64 71 11, Ostern bis Ende Sept. Man sitzt barfuß unter Sonnenschirmen, wählt einen frisch gefangenen Fisch und lässt ihn sich über dem offenen Holzkohlengrill zubereiten.

Antiquitäten und Möbel aus Treibholz und ein Garten bis zum Strand – eine Chambre d'hôte auf höchstem Niveau.
Luxus – **Le Bailli de Suffren:** Av. des Américains, Le Rayol-Canadel, Tel. 04 98 04 47 00, www.lebaillidesuffren.com, DZ ab 189 €. Luxushotel über dem Sandstrand. Elegante Zimmer in neoprovenzalischem Stil.

St-Tropez ▶ J 5

Jeden Sommer wird St-Tropez zum Rummelplatz mit über 100 000 Möchtegern-Brigitte-Bardots und Beckham-Doppelgängern. Im Hafen drängeln sich die Jachten von Multimillionären, Ferraris, Aston Martins, Porsches pflügen sich durch die aufgestylte Menge. Abgesehen vom People watching zieht die Lage an der traumhaften Bucht und die von Bausünden verschonte Halbinsel.

Doch St-Tropez kann auch anders: In der Nebensaison entpuppt es sich als charmanter Hafenort mit platanenbeschatteten Plätzen, stillen Gassen und echten Menschen.

La Citadelle **1**
Tgl. 10–18, winters 10–17 Uhr; Musée Naval April–Sept. tgl. 10–18.30, sonst 10–12.30, 13.30–17.30 Uhr
Von der Festung mit Turm (16. Jh.) hat man einen großartigen Blick über den Golf von St-Tropez. Die Seefahrtsgeschichte von der Antike bis zur Landung der Alliierten 1944 wird im Musée Naval präsentiert.

Altstadt **2**
Ein enges Gassengeflecht durchzieht die Altstadt oberhalb des Quai Jean Jaurès, mittendrin die Pfarrkirche mit den Exvotos der Fischer. Der alte Fischerhafen La Ponche erstreckt sich unterhalb der Place du Revelin. Im Süden findet sich die Chapelle de la Miséricorde aus dem 16. Jh., leicht erkennbar an den lasierten Turmziegeln.

Cimetière Marin **3**
Tgl. 8–17, Juni–Aug. bis 20 Uhr
Der Seemannsfriedhof mit Meerblick liegt unterhalb der Zitadelle nordöstlich der Stadt.

Musée de l'Annonciade **4**
Pl. Grammont, Juli–Okt. tgl. 10–13, 15–19, sonst tgl. außer Di 10–12, 14–18 Uhr, Nov. geschl.
Die hochkarätige Gemäldesammlung in der Chapelle Notre-Dame de l'Annonciade verfügt über Werke von Seurat, Signac, Vlaminck und Van Dongen.

Übernachten
Mit den Füßen im Sand – **Le Kon-Tiki 1**: Ramatuelle, Plage de Pampelonne, Tel. 04 94 79 80 17. Campingplatz mit Wiesen, alten Bäumen, Strandzugang. Disco, Tennis, Surfen etc.
Bodenständig – **Lou Cagnard 2**: Av. P. Roussel, Tel. 04 94 97 04 24, www.hotel-lou-cagnard.com, DZ ab 58 €. Farbfrohe, provenzalisch eingerichtete Zimmer. Terrasse mit Maulbeerbäumen.
Hideaway – **Le Colombier 3**: Impasse des Conquettes, Tel. 04 94 97 05 31, DZ ab 80 €. Nette Zimmer, hübscher Garten, unaufgeregte Atmosphäre.
Landlust – **La Figuière 4**: Ramatuelle, Rte. de Tahiti, Tel. 04 94 97 18 21, www.hotel-la-figuière.com, DZ ab 155 €. Landhaus südl. von St-Tropez auf dem Weg zu den Stränden. Jedes Zimmer mit Terrasse.
Herrenhaus – **La Mistralée 5**: 1, av. Général-Leclerc, Tel. 04 98 12 91 12, www.hotel-mistralee.com, DZ ab 190 €. Die Themen der exquisit möblierten Zimmer der Stadtvilla lauten ›Chanel‹, ›Marokko‹, ›Chinoise‹.

St-Tropez

Sehenswert
1. La Citadelle
2. Altstadt
3. Cimetière Marin
4. Musée de l'Annonciade

Übernachten
1. Le Kon-Tiki
2. Lou Cagnard
3. Le Colombier
4. La Figuière
5. La Mistralée

Essen und Trinken
1. La Table du Marché
2. Benoît Gourmet & Co
3. Chez Fuchs

Einkaufen
1. Atelier Rondini
2. Poterie Augier
3. Le Petit Village
4. Marché Provençal

Ausgehen
1. Le Sénéquier
2. Le Bar du Port
3. Les Caves du Roy
4. VIP-Room

Sport und Aktivitäten
1. European Diving School

St-Tropez

Essen und Trinken

Für jede Uhrzeit – **La Table du Marché** **1**: 38, rue Georges Clémenceau, Tel. 04 94 97 85 20, Menü 32 €. Frühstück ab 7.30, Mittagstisch 12.20–15 Uhr, Dîner ab 19 Uhr, und zwischendurch Salon de thé – Christophe Leroy versorgt Genießer fast rund um die Uhr.

Unkompliziert – **Benoît Gourmet & Co** **2**: 6, rue des Charrons, Tel. 04 94 97 73 78, Mitte Jan. bis Mitte Feb., Nov. geschl., Menü 26 €. Bistro, das zugleich Feinkostboutique ist.

Unter Einheimischen – **Chez Fuchs** **3**: 7, rue des Commercants, Tel. 04 94 97 01 25, im Sommer nur abends, im Winter So, Mo geschl., à la carte 40 €. Stammtisch der Einheimischen. Tintenfisch in Rouille-Sauce, Lammrücken.

Strände

La Bouillabaisse: Treff der Surfer am Ortsausgang Richtung Ste-Maxime.

La Ponche: kleiner Sandstrand am alten Fischerviertel.

Les Graniers: unterhalb von Zitadelle und Fischerfriedhof und in Fußnähe zur Stadt, überfüllt.

Plage des Salins: zwischen der Pointe des Salins und du Capon, 4 km östl., halbwegs leer.

Plages de Pampelonne: 5 km lange Traumstrände im Süden. Sand, türkisfarbenes Meer, Loungeclubs, Nobelrestaurants (Nikki Beach, Club 55) ein im Schuss Südsee. Pendelbus ab Zentrum.

Plage de la Bastide Blanche: am Cap Taillat, das letzte Stück ist für Autos schwer zugänglich.

Sport und Aktivitäten

Tauchen – **European Diving School** **1**: Plage de Pampelonne, Camping Kon Tiki, Tel. 04 94 79 90 37, www.europeandiving.com. Tauchschule unter deutscher Leitung. Spezialisiert auf Wracktauchen.

Wandern – **Sentier littoral** **2**: Küstenwanderweg um das Cap de St-Tropez. Start am Hafen, Ziel an der Bucht von Pampelonne (12 km).

Einkaufen

Sandalen – **Atelier Rondini** **1**: 16, rue Georges Clémenceau, Sandales Tropéziennes und Jesuslatschen.

Töpferwaren – **Poterie Augier** **2**: 19, rue Georges Clémenceau, Töpferwaren, bunt oder schlicht.

Wein & Öl – **Le Petit Village** **3**: Carrefour de la Foux, Gassin (5 km westl.), www.mavigne.com. Weine der Halbinsel von St-Tropez sowie Olivenöl, Konfitüre, provenzalische Stoffe und Töpfereiwaren.

Markt – **Marché Provençal** **4**: Di und Sa, Pl. des Lices.

Ausgehen

Klassiker – **Le Sénéquier** **1**: Quai Jean Jaurès, 9–20 Uhr, Allerheiligen bis Weihnachten geschl. Seit jeher Bühne für Selbstdarsteller.

Szenig – **Le Bar du Port** **2**: 7, quai Suffren, tgl. 7–3 Uhr. Gestylte Designbar.

VIP-Treff – **Les Caves du Roy** **3**: Av. Foch (im Hotel Byblos), April–Okt. 23–5 Uhr. Disco mit VIP-Séparée und gnadenloser Gesichtskontrolle.

Bis zum Umfallen – **VIP-Room** **4**: Résidence du Nouveau Port, Juli–Aug. 21–5 Uhr, www.viproom.fr. Die Disco, in der es weitergeht. Noch strengere Gesichtskontrolle als in Les Caves du Roy.

In der Umgebung

Wanderung von Collobrière: Zur Chartreuse de la Verne `direkt 8▶` S. 68

Le Village des Tortues: Schildkröten aufpäppeln bei Gonfaron `direkt 9▶` S. 70. ▷ S. 72

8 | Wanderung von Collobrières zur Chartreuse de la Verne

Karte: ▶ G 6

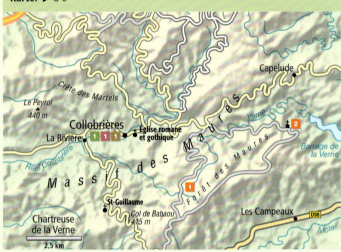

Ein Rundwanderweg führt von Collobrières zum Kartäuserkloster tief im Massif des Maures. Es geht durch jahrhundertealte Eichen- und Kastanienwälder. Maouro bedeutet auf Provenzalisch dunkles Holz, gemeint sind die dichten Wälder, die das Bergmassiv bedecken.

Wanderparadies

Esskastanien waren über Jahrhunderte größter Reichtum des Bergmassivs. Die abenteuerlichsten Strecken, wie die sich über Schwindel erregende Abhänge windende Route des Crêtes von La Garde-Freinet über den Fourches-Pass nach Collobrières, mussten wegen Feuergefahr für den Autoverkehr gesperrt werden: ein Glücksfall für Wanderer.

Ins Maronendorf

Immer am Gebirgsbach Réal Collobrier lang schlägt sich die D 14 von Pierrefeu-du-Var bis Grimaud durch den tiefen Wald des Massif des Maures, in dessen geografischer Mitte Collobrières auftaucht. Der Hauptort des Massivs ist für Maronen bekannt, die glaciert oder als Purée verkauft werden. Holprige Gassen, eine alte Steinbrücke über den Dorfbach und die verwitterte Kirchenruine St-Pons verleihen der Capitale des Maures ein seit Generationen unverändertes Aussehen. Zwar wurden etliche Fassaden in den letzten Jahren hübsch bunt getüncht, doch das Leben geht unter den riesigen Platanen des Boulevard Lazare Carnot und der Place de la Libération weiterhin seinen dämmrigen behäbigen Gang.

Almartige Ebene

Der ausgeschilderte Rundweg beginnt hinter der Kirchenruine St-Pons und folgt anfangs dem Fernwanderweg GR 90 (rot-weißer Balken). Selten verliert sich ein einsames Gehöft in der Tiefe der Wälder. Nach gut 1 Std. weitet sich im Wald die Graslichtung des Plateau Lambert **1**. Zwei Menhire aus dem Neolithikum akzentuieren die almartige Ebene. Früher gehörte das Weideland den Mönchen der Chartreuse de la Verne. Seit 1946 ist das Land im Besitz der nationalen Forstbehörde ONF, die vor ein paar Jahren ein junges Schäferpaar angelockt hat.

Beim katastrophalen Waldbrand von 1990 verbrannte ein Kastanienbaum mit 15 m Umfang, unter dem schon die Marquise de Sévigné im 18. Jh. geruht haben soll. Noch der gewaltige verkohlte Wurzelstamm neben dem Forsthaus lässt die Ausmaße des Baums erahnen.

Zum Kartäuserkloster

Der Höhepunkt der Wanderung taucht nach zwei weiteren anstrengenden Stunden als rotbrauner Mauerriegel über dem dichten Waldgrün auf. Durch das barocke, aus grünschimmernden Schiefer errichtete Hauptportal von 1736 geht es in den gewaltigen Komplex der Chartreuse de la Verne **2**. Ältester Teil ist *le petit cloître* mit den Resten einer romanischen Kirche von 1174. Das *grand cloître* mit den Einzelhäuser der Kartäuser rundherum und den Gräbern der Mönche im Klosterhof wurde erst in den letzten Jahrzehnten wieder aufgebaut und beherbergt seit 1986 die Ordensgemeinschaft der Schwestern von Bethléem, der Himmelfahrt der Heiligen Jungfrau und des Heiligen Bruno.

Über die Ruine des Gehöfts Le Grand Noyer gelangt man in einem Südbogen in weiteren 3 Std. zurück zum Plateau Lambert und wieder nach Collobrières.

Info

Office du Tourisme: Collobrières, bd. Caminat, Tel. 04 94 48 08 00, www.collobrieres-tourisme.com
Anreise: Bus Nr. 85 Toulon-Collobrieres, Bus Nr. 193 Hyères–Collobrièrs, je 2 x tgl., www.transvar.fr
Wanderkarte: Ign Nr. 3445 OT und 3544 OT, 1:25000, www.ign.fr

Übernachten und Essen

Hôtel Notre Dame 1: 15, av. de la Libération, Collobrières, Tel. 04 94 48 07 13, www.hotelnotredame-provence.com, DZ ab 86 €. Entspanntes Design-Hotel in alten Mauern. Lauschige Restaurantterrasse über dem rauschenden Réal Collobrier. Moderne Bistroküche, Weinbar, Pool. Herzlicher Empfang, Patronne Nili spricht deutsch.
La Petite Fontaine 1: Pl. de la République, Collobrières, Tel. 04 94 48

00 12, April bis Mitte Sept. So abends, Mo, sonst Di–Sa mittags, Fr/Sa abends, So/Mo geschl., Menü 25–30 €. Bietet dem Nepp der Côte d'Azur Einhalt: Es gibt den Wein der örtlichen Winzergenossenschaft, dazu Rindertopf *daube provençale*, *soupe au pistou*, *tarte aux pommes* mit Maronencreme.

Einkaufen

Confiserie Azuréenne 1: Bd. Koenig, www.confiserieazureenne.com, tgl. 9.30–12.30 und 14–18.30 Uhr. Crème de marron, glacierte Maronen, Maronenlikör und Maroneneis.

Feste und Veranstaltungen

Fête de la châtaigne: s. S. 20

Anschauen

Chartreuse de la Verne: Juni–Aug. 11–18, sonst Mi–Mo 11–17 Uhr, 6/3 €

Verne

9 | Schildkröten aufpäppeln – Le Village des Tortues

Karte: ▶ G 5

Als der englische Biologe David Stubbs 1986 eine Studie über die Hermann-Schildkröte veröffentlichte, wurde Bernard Devaux hellhörig. Der Tierfilmer gründete mit dem Briten eine Hilfsorganisation für die vom Aussterben bedrohte Schildkröte. 1988 ging daraus Le Village des Tortues hervor.

Längst werden in der Tierklinik der Rettungsstation nicht nur Hermann-Schildkröten behandelt. Wasserschildkröten aus Madagaskar oder ostafrikanische Leopardenschildkröten, die von Autos überrollt, vom Menschen ausgesetzt, von Hunden oder Ratten angenagt wurden, gehören ebenfalls zum Patientenstamm. Im Zentrum steht jedoch weiterhin **Eurotestudo hermanni**, die Hermann-Schildkröte. Von 1994 bis 2006 ist die Population von Frankreichs einziger einheimischer Landschildkröte auf ca. 50 000 Exemplare im Maurenmassiv gesunken. Die Schildkröte mit der markanten gelb-schwarzen Zeichnung kommt nur noch in Teilen des Departements Var, und hier vor allem in den Wäldern des **Massif des Maures**, sowie auf Korsika vor.

Auf der Krankenstation

Die Clinique des Tortues ist das erste Gebäude nach dem Empfangspavillon, der zugleich als Boutique für Souvenirs oder Gadgets mit Schildkrötenmotiv, aber auch für seriöse Schildkrötenlektüre dient. An die 300 Tiere werden pro Jahr in der Klinik behandelt. Ist etwa der Panzer beschädigt, wird er mit Kunstharz geklebt. Wenn das Tier gesundet ist, kommt es in eins der Gehege auf dem 2 ha großen Gelände.

Trennung nach Geschlechtern

In den folgenden vier Gehegen sind die Schildkröten nach Geschlechtern getrennt. Schließlich geht es hier nicht um Zucht, und erst recht nicht um die nicht-einheimischer Schildkrötenarten. Bei der Fütterung sind sich die meisten Arten gleich: Salat führt den Speiseplan ein. Auch bei der Winterruhe gibt es kaum Unterschiede: Von Oktober bis März ist Ruhe unterm Panzer.

Schildkröte im Modell
Wie es unter dem Panzer einer Schildkröte aussieht, zeigt ein Modell. Die Lunge liegt etwa oben unter dem Panzer. Fazit, bei Rückenlage droht dem Tier der Erstickungstod. Nur gut, dass sich Schildkröten gut wieder selbst aufrichten können. Ansonsten gilt: Wasserschildkröten sind Fleischfresser und entsprechend agressiv, Landschildkröten Vegetarier und harmlos.

Schildkröte ist nicht gleich Schildkröte
Wasserschildkröten der Art Mauremys leprosa erinnern mit dem zerklüfteten Panzer an Leprakranke – Schönheit ist ihre Sache nicht. Von Bassin Nr. 12 sollte man sich etwas fernhalten. Die darin gehaltenen amerikanischen Alligator-Schildkröten gelten als rabiate Jäger, die eine Hand abtrennen können. Ihrer ostafrikanischen Heimat alle Ehre machen in Nr. 14 die Leopardschildkröten, deren Panzermuster an das des Fells der Raubkatze erinnert.

Übrigens: Die beste Besuchszeit der Village des Tortues ist morgens gegen 10–11 Uhr oder auch abends gegen 17–18 Uhr, wenn die Tiere gefüttert werden. Ansonsten gilt die Faustregel: An den wärmsten Stunden des Tages zeigt sich die Schildkröte naturgemäß am allerliebsten.

Ahnenforschung
Seit rund 230 Mio Jahren bevölkern nun Schildkröten unseren Planeten. Wie ihre Entwicklung, angefangen von den Tagen der Dinosaurier bis zur Erschaffung der Riviera, verlief, veranschaulicht der paläonthologische Parcours der Village des Tortues: Modelle der ersten Schildkröten machen aus dem Rundgang eine Art ›Maurassic Park‹, der insbesondere bei Kindern beliebt ist.

In der Kinderstube
In Gehege Nr. 20 sind erstmals männliche und weibliche Hermann-Schildkröten in einer Umzäunung, dem *Enclos de reproduction,* vereint. Das Ziel ist natürlich: Nachwuchs! Immerhin an die zehn Jahre benötigt die Hermannschildkröte zum Erwachsenwerden. Gehege Nr. 26 steht am wärmsten Ort des Geländes, der somit ideal für die Aufbewahrung der Eier bis zum Schlüpfen der Jungtiere ist.

Info
Le Village des Tortues: Gonfaron, 2,5 km außerhalb an der D 75 Richtung Les Mayons, La Garde-Freinet, Tel. 04 94 78 26 41, www.villagetortues.com, März–Sept. tgl. 9–19 Uhr, je nach Saison Erw. 6–10, Kinder 4–6 €.

Schildkrötenpatenschaft
Für 30 € pro Jahr kann man Pate einer Schildkröte werden, die dann den Namen ihres Gönners trägt.

Eco-volontaire
Gesucht werden für 2–8 Wochen, Freiwillige, die bei der Arbeit im Village helfen. Man wohnt in den Bungalows und wird in der Kantine verköstigt. Bewerber sollten 18 Jahre alt sein und ein wenig Französisch sprechen.

... ndou bis St-Raphaël

... der Umgebung von ... e en Rose – vom Auf... **irekt 10** S. 73

Information und Termine

Office de Tourisme: 40, rue Gambetta, 83990 St-Tropez, Tel. 08 92 68 48 28, www.saint-tropez.st

La Bravade: 16.–18. Mai, Prozession mit provenzalischen Gesängen und Kostümierung

La Bravade des Espagnols: Mitte Juni, Volksfest zur Erinnerung an die Vertreibung der Spanier im Jahre 1637. Les Voiles de St-Tropez: Segelregatta Ende Sept./Anfang Okt.

Verkehr

Bus: Gare routière, Av. Général de Gaulle. Verbindungen nach Ste-Maxime, St-Raphaël, Ramatuelle, Gassin.

Schiff: Fähren nach Ste-Maxime (Feb.– Allerheiligen), St-Raphaël (April – Okt.), Cannes (Juni–Okt.), Anleger: Vieux Port.

Gassin ► H 6

8 km südlich liegt das Örtchen Gassin, dass mit heimeligen Winkeln wie die Place des Barrys, mit Belvedere-Lage über dem Golf, einer romanischen Dorfkirche, Stadtmauern und Winzerseligkeit aufwartet und den Titel eines der »schönsten Dörfer Frankreichs« zu sein, durchaus rechtfertigt.

Ste-Maxime ► J 5

Die kleine Schwester von St-Tropez überzeugt mit einer Mischung aus Platanen, Boulespielern, Cafés, Hafen und Strand. Über die Bucht schaut man nach St-Tropez, mit dessen mondänem Chic der Badeort wenig gemein hat.

La Tour Carrée (Pl. Mireille-de-Germond, Mi–So 10–12, 15–18, Sommer bis 19 Uhr, 2,50 €) samt Schutzturm von 1520 bietet heute Platz für ein Heimatmuseum.

Übernachten

Für Golfer – **Les Cigalons:** La Nartelle, Tel. 04 94 96 05 51, www.camping-cigalon.com. Campingplatz im Ortsteil Nartelle (4 km nordöstl., weite Sandstrände) mit Supermarkt, Restaurant und Bar. Ebenfalls Vermietung von Bungalows. Golfplatz in der Nähe.

Villa mit Garten – **Hostellerie La Croisette:** 2, bd. des Romarins, Tel. 04 94 96 17 75, www.hotel-la-croisette. com, DZ ab 80 €. Rosafarbene Villa mit Terrasse und üppig grünem Garten – einfach zauberhaft.

Essen und Trinken

Ungezwungen – **La Maison bleue:** 48, rue Paul-Bert, Tel. 04 94 96 51 92, Nov.–März geschl., Menü ab 22 €. Bunte Kissen im Saal, auf den Bänken der Terrasse. Knackige Salate, gegrillter Fisch.

Strände

Plage du Casino: rappelvoll, an der Uferpromenade.

Plage de la Croisette: mit Base Nautique (Segeln, Surfen, Tages- und Wochenkurse, Tel. 04 94 96 07 80, www. club-nautique-sainte-maxime.fr).

Plage de la Nartelle: langer Strand hinter der Pointe des Sardinaux, mit Basis für Wasserski und Jetski.

Info und Termine

Office de Tourisme: Promenade Simon Lorière, 83120 Ste-Maxime, Tel. 04 94 55 75 55, www.sainte-maxime.com.

Patronatsfest der Heiligen Maxime: 14./15. Mai, Prozession in provenzalischen Kostümen.   ▷ S. 72

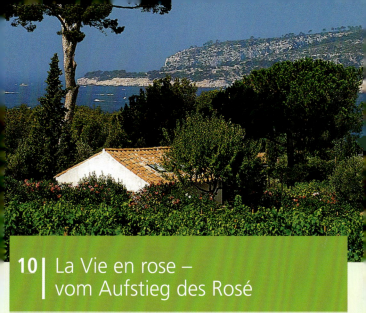

10 | La Vie en rose – vom Aufstieg des Rosé

Karte: ▶ G 4

Pétale de Rose, Rosenblatt, heißt die Cuvée aus Grenache, Cinsault, Syrah und Mourvèdre, mit dem der Aufstieg des Rosé zum In-Wein der Côte d'Azur untrennbar verbunden ist. Blassrosa und Sandgelb changiert der Kultwein, bei dem tout St-Tropez an Régine Sumeire alias Madame Rosé denkt.

»Die Grenache-Rebe verleiht der Pétale de rose die zarte Farbe«, kommentiert die Winzerin, die zugleich das Château Barbeyrolles in Gassin sowie das **Château de la Tour de l'Evêque** [1] im Hinterland von St-Tropez bewirtschaftet, ihren Erfolgswein. Selbst Weinkenner, die die Welt ausschließlich in den Kategorien Weiß oder Rot zu beschreiben belieben, verschmähen den Pétale de Rose nicht. Ein Hauch Anis liegt auf der Zunge. Leicht in der Frucht ist der Rosé, dabei äußerst konzentriert, ja geradezu fett. Nonchalance paart sich hier mit Fülle und Konzentration. So raffiniert mundet nur ein Rosé aus der Appellation Côtes de Provence, deren Weinberge bis an La Ciotat, die Küste des Massif des Maures, die Halbinsel von St-Tropez, Fréjus und St-Raphaël heranreichen.

Um den einst verrufenen Symbolwein der Provence zu rehabilitieren, setzte die Winzerin früh auf wegweisende Qualitätsstandards. Mit einer *vendange verte* etwa, bei der ein Teil der noch grünen Trauben weggeschnitten wird, um dem Rosé die volle Kraft von Terroir und Rebe zugute kommen zu lassen. Dazu zählt auch eine sanfte Pressung mit hochmodernen Maschinen, bei der die Trauben zudem nicht eingemaischt werden. Doch vor allem sehr viel Experimentierfreude bei der Cuvée und bei den Kellermethoden führten zum Erfolg – der Rest ist Betriebsgeheimnis.

Von Le Lavandou bis St-Raphaël

Rosé ist wieder ›in‹ an der Côte d'Azur

Belebende Konkurrenz

Die Weingüter der Winzerin in den westlichen Ausläufern des Maurenmassivs, wo die glutroten Böden unter der sommerlichen Hitze zu glühen scheinen, hat längst reichlich Konkurrenz bekommen. Eine ganze Reihe talentierter Winzer hat den früher als simpel verrufenen Symbolwein der Provence mit subtilen, feinfruchtigen Rosés rehabilitiert.

Zu den Verfechtern des Rosé gehört Paul Weindel. Der gebürtige Heidelberger und spätere Logistikunternehmer kam 1996 nach Pierrefeu-du-Var. »Die Provence war Vorsehung«, erinnert sich der Neowinzer mit dem grauen Bart. Weindel begann als absoluter Autodidakt im Weinberg. 1998 konnte er den ersten eigenen Wein abfüllen. Bald folgten erste Auszeichnungen in der »Revue des Vins de France« und im »Guide Hachette«, den beiden Bibeln französischer Weinfreunde.

»Die Provence stand lange für billige Weine«, hat der Newcomer in den AOC Côtes de Provence früh erkannt. Weindel legte die Latte für die eigenen Weine hoch. Die 24 ha Reben der **Domaine La Tour des Vidaux** 2 werden nach biodynamischen Methoden bewirtschaftet. Dass der Rosé zum Wein à la mode aufsteigen konnte, ist ihm mehr Verpflichtung als Verdienst. »Ich halte weiter auf Qualität«, verspricht er.

Ein Cru classé de la Presqu'île de St-Tropez und zugleich ein weiterer Wegbereiter des Rosé auf den Terrassen von St-Tropez bis Monaco ist das **Château de Minuty** 3. Gabriel Farnet, Großvater der beiden heutigen Weinschlossbesitzer Jean-Etienne und François Matton hat das Weingut schon in den 1930er-Jahren so auf Qualitätskurs gebracht, dass das herrschaftliche Anwesen 1955 zu den 23 damals mit einer Grand Cru geadelten Weingütern der Côtes de Provence zählte. Den ganz großen Sprung nach vorn haben später die Enkel mit hochkarätigen Rosés gemacht, die zugleich leicht nervös, elegant und ausgesprochen frisch sind. Seit Jahren ist die *happy few* der internationalen Trendsetter bei den Soireen in St-Tropez im stylischen Byblos auf nichts anderes als den Rosé de Minuty abonniert. Nur gut, dass bei 75 ha Reben und einer steten Seebrise, die Pilze und andere Krankheiten wegpustet, die enorme Nachfrage befriedigt werden kann.

Weingüter

Château de la Tour de l'Evêque 1: Pierrefeu-du-Var, Route de Cuers, Tel. 04 94 28 20 17, www.toureveque.com. Mo–Sa 9–17 Uhr

Domaine La Tour des Vidaux 2: Pierrefeu-du-Var, Quartier des Vidaux, Tel. 04 94 48 24 01, www.tourdesvidaux.com. Mo–Sa 9–12, 14.30–18.30 Uhr. Komplexe, syrahbetonte Rotweincuvée Alegria, fruchtige Rosé-Cuvée Farnoux. FeWo für 4 Pers.

Château Minuty 3: Gassin, Tel. 04 94 56 12 09, www.minuty.fr, Mo–Fr 9–12, 14–18 Uhr. Im Barrique ausgebaute rote Cuvée Prestige aus 90 % Mourvèdre-Reben, Cuvée Prestige Rosé aus 90 % Grenache-Reben

10 | Vom Aufstieg des Rosé

Wohnen beim Winzer

Château de St-Martin [1]: Taradeau, Route des Arcs, Tel. 04 94 99 76 76, www.chateaudesaintmartin.com, DZ/F ab 70 €. 4 Chambres d'hôte, eingerichtet im Stil von Louis XIV bis zum Empire im Schloss eines Weinguts, das seit 1740 in Familienbesitz ist – und seit Generationen von Frauen geleitet wird. Gastgeberin Thérèse de Gasquet bietet Wein-Wochenenden an! Das Weingut gehört zum erlauchten Kreis der Crus classés – der Rosé Eternelle favorite berechtigt den Adelsschlag mit Noten von Zitrusfrüchten und gelbem Pfirsich (Verkostung und Verkauf auf Anfrage).

Château des Demoiselles [2]: La Motte, Route de Callas, Tel. 04 94 70 28 78, www.domainelesdemoiselles.com; DZ/F ab 150 €. Herrschaftliche Bastide mit luxuriös, im provenzalischen Stil eingerichteten Zimmern. Das Weingut gehört zum prestigeträchtigen Château de Ste Roseline in Les Arcs-sur-Argens (www.sainte-roseline.com) und produziert einen Rosé AOC Côtes de Provence, der mit Aromen von roten Früchten und reifen Aprikosen überrascht – ideal zu gegrilltem Lachs oder Gambas (Verkostung und Verkauf tgl. 9–12.30, 14–18.30 Uhr).

Alles über Weine der Côtes de Provence

La Maison des Vins des Côtes de Provence [1]: Les Arcs sur Argens, RN 7, Tel. 04 94 99 50 10, www.caveaucp.fr; Juli/Aug. 10–20, Juni, Sept./Okt. 10–19, sonst 10–18 Uhr. 800 Weine zum Kellerpreis. Mit Restaurant La Vigne à Table (So/Mo geschl.). Zugleich Sitz des Conseil Interprofessionnel des Vins de Provence, der Informationen zu den Weinen der Provence gibt (www.vinsdeprovence.com).

Von Le Lavandou bis St-Raphaël

Verkehr
Schiff: Société MMG, Tel. 04 94 96 51 00, Ostern bis Sept. Fähren vom Quai du Port nach St-Tropez, Cannes und zur Île du Levant.

Fréjus ► J 4

Für das ›provenzalische Pompeji‹ sprechen der lange Sandstrand des Ortsteils Fréjus-Plage sowie der Jachthafen Fréjus-Port. Die eigentliche Attraktion aber liegt landeinwärts im antiken Forum Julii, aus dem Fréjus sich ableitet. Die Stadt an der Mündung des Argens galt zu römischer Zeit als einer der bedeutendsten Häfen des Mittelmeers. Heute ist Fréjus (33 000 Einw.) ein überaus beliebter Badeort für Pauschalurlauber.

Amphitheater
Rue Henri Vadon, Di–So 9.30–12.30, 14–18, Okt.–April nur bis 17 Uhr, 2 €
Das Amphitheater aus dem 2. Jh. n. Chr. wurde einst für 10 000 Zuschauer gebaut.

Weitere antike Ruinen
Es lassen sich noch Reste eines Theaters (Rue de Bozon), eines Aquädukts sowie der Stadtmauern (beide nördl. der Altstadt, N 7 Richtg. Cannes) besichtigen.

Cité Episcopale
Place Formigé, Juni–Sept. tgl. 9–18.30, Okt.–Mai Di–So 9–12, 14–17 Uhr, 5 €
Ensemble aus Kathedrale, Kloster, Baptisterium, Bischofspalais und dem Haus des Dompropstes. Platzbeherrschend ist die von der Romanik zur Gotik überleitende Kathedrale. Für das achteckige Baptisterium (5. Jh.) wurde auf antike Säulen und Techniken zurückgegriffen. Im doppelstöckigen Kreuzgang bemalte Holzdecke des 14. Jh.

La Pagode Hong-Hien
13, rue Henri Giraud (N 7 Richtung Cannes), Sommer tgl. 9–19, sonst 9–12, 14–17 Uhr, 2 €
Fréjus war Standort des in Indochina eingesetzten 4. Regiments. Für die fernöstlichen Soldaten wurde 1917 der buddhistische Tempel erbaut.

Übernachten
Schlicht und familiär – **L'Oasis:** Impasse Charcot, Tel. 04 94 51 50 44, www.hotel-oasis.net, DZ ab 39 €. Nettes Hotel in einer Sackgasse von Fréjus-Plage. Schlichte Zimmer, familiäre Atmosphäre.
Familienfreundlich – **Domaine du Colombier:** 1952, rte. de Bagnols, Tel. 04 94 51 56 01, www.domaine-du-colombier.com, Cottage ab 54 €/Pers. Weites Terrain auf einem Hügel, mit Cottages und Wohnwagenstellplätzen, z. T. unter Pinien. Schwimmbecken, drei große Rutschen. 4 km zum Meer.
Patio – **L'Aréna:** 139, rue Général de Gaulle, Tel. 04 94 17 09 40, www.arena-hotel.com, DZ ab 85 €. In der Altstadt. Zimmer mit Mosaikböden und provenzalischem Mobiliar um einen Patio. Garten, Frühstücksterrasse am Pool.

Essen und Trinken
Am Uferboulevard – **Le Mérou Ardent:** 157, bd. de la Libération, Tel. 04 94 17 30 58, Juli/Aug. Sa mittag, Mo mittag, Do mittag, sonst Mi/Do geschl., Menü ab 18 €. Nettes Fischrestaurant am Strandboulevard von Fréjus-Plage.
Gewölbesaal – **L'Amandier:** 19, rue Marc-Antoine Desaugiers, Tel. 04 94 53 48 77, Mo und Mi mittag, So geschl., Menü ab 24 €. Gewölbesaal in der Altstadt, provenzalische Spezialitäten.

Strände
Breiter Strand in **Fréjus-Plage** mit Karussells u. ein Sandstrand bei **St-Aygulf.**

St-Raphaël

Die schönste Uferstraße an der Côte

Auf der Karte heißt die **Corniche d'Or** ganz banal N 98. Der Fels an der Küstenstraße von St-Raphaël nach La Théoule ist nicht golden, wie der Zusatz ›d'Or‹ vermuten ließe, sondern rot wie der Porphyr und der Buntsandstein des schroffen Estérel-Massivs. Das Meer wirkt dadurch so tintenblau wie sonst nirgends an der Côte d'Azur. Bei Port-la-Galère kleben futuristische Wohnnester an den Klippen, hin und wieder finden sich kleine Badebuchten, dazu ein kräftiger Schuss Grün – windverzurrte Pinien, deren Kronen wie aufgeklappte Sonnenschirme wirken.

Sport und Aktivitäten
Holiday Bikes: Rond-Point des Moulins, Tel. 04 94 52 30 65, www.holiday-bikes.com. Mountainbike-Pisten ab Roquebrune-sur-Argens ins Estérel-Massiv zum Col de Gratteloup.

Information und Termine
Office de Tourisme: 325, rue Jean Jaurès, 83600 Fréjus, Tel. 04 94 51 83 83, www.frejus.fr. Fréjus-Pass für 7 Sehenswürdigkeiten 6,60 €
Bravade de Fréjus: am 3. So nach Ostern, Stadtfest mit Umzug, Kostümen, provenzalischer Folklore.
Fête du Raisin: am 1. So im Aug. mit ursprünglichen Riten und Tänzen..

Verkehr
Bus: Nach Nizza, Marseille mit Les Cars Phocéens, nach St-Tropez, Toulon mit Sodetrav, nach Bagnols, Fayence, Les Adrets mit Compagnie Gagnard.

Massif d'Estérel ▶ J/K 4

Die N 7 durchquert ab Fréjus für 30 km die bizarr gezackten Felskämme und Wälder des Estérel-Massivs. Der Hauptkamm des Estérel-Massivs legt sich um den **Mont Vinaigre**, auf den ein Waldweg hinaufführt. Bei klarem Wetter hat man Sicht bis zur italienischen Grenze und zur Montagne Ste-Victoire.

An der Kreuzung Logis de Paris zweigt die D 237 nach **Les Adrets-de-l'Estérel** ab. Im Ort hat sich die Postkutschenstation mittlerweile zum Restaurant gemausert. Wander- und Bikeinfos erhält man im Office de Tourisme von Fréjus oder St-Raphaël.

St-Raphaël ▶ J 4

Die Platanen am Hafen, wo täglich ein Fischmarkt abgehalten wird, wurden 1805 anlässlich Napoleons Ägyptenfeldzug gepflanzt. Die Pyramide auf der Ecke zwischen Süd- und Ostkai erinnert ebenfalls daran. Wahrzeichen der Stadt ist die neobyzantinische Kirche **Notre-Dame de la Victoire de Lepante** (www.saint-raphael.com).

Übernachten
Inselblick – **Campeole Le Dramont:** an der N 98, Le Dramont (5 km östl.), Tel. 04 94 82 07 68, www.campeole.de. Campingplatz am Cap Dramont. Kiesstrand mit Blick auf die Île d'Or.

Essen und Trinken
Grande Cuisine – **L'Arbousier:** 6, av. de Valescure. Tel. 04 94 95 25 00, in der Nebensaison Mo/Di geschl., Menü 30–60, Formule ab 25 €. Garten unter Magnolien. Marktfrisches Menü.

Von Cannes bis zur Mündung des Var

Cannes ▶ K/L 3

Bühne frei für den Star der Côte auf **La Croisette** 1 (**direkt 11** S. 79). Alle Jahre wieder im Mai spielt Cannes (70000 Einw.) für die Dauer des Filmfestivals Hollywood. Wach geküsst wurde das einst verschlafene Hafenstädtchen 1834 von einem ehemaligen britischen Schatzkanzler – Cannes Aufstieg nahm seinen Schwindel erregenden Verlauf. Das ›englische Seebad am französischen Mittelmeer‹ avancierte zum kosmopolitischen Tollhaus für Tbc-Kranke, Bohémiens, Fürsten und Geldadel.

Die Metropole des schönen Scheins weist 40 % aller Nobelherbergen und die höchste Rate von Einzelhändlern pro Einwohner im Departement auf, wobei Luxuswarenhändler überwiegen. Überraschend anders ist die Altstadt um den Suquet-Hügel: Kleine-Leute-Viertel mit dem Bistro von nebenan und der Markthalle gegenüber.

Vieux Port 2

Von Molen geschützt findet hier eine ganze Armada von Jachten einen Ankerplatz. Im Hintergrund ragen die Platanen der autofreien Allées de la Liberté empor mit dem prachtvollen Hôtel de Ville an deren nordwestlichen Ecke.

Rue Meynadier 3

Kleine Restaurants und Lebensmittelläden reihen sich in der Fußgängern vorbehaltenen Gasse unweit der Markthalle aneinander.

Colline du Suquet 4

Über die Rue St-Antoine mit ihren charmanten Bistros und eleganten Restaurants geht es auf den Suquet-Hügel. Dort thront die gotische Kirche **Notre-Dame d'Espérance**. Das Wahrzeichen des Viertels aber ist die **Tour du Suquet** ein paar Schritte weiter. Der mittelalterliche Turm krönt das **Musée de la Castre** (Juli–Aug. tgl. 10–19, April–Juni, Sept. Di–So 10–13, 14–18, Okt.–März Di–So bis 17 Uhr, Juni–Sept Mi bis 21 Uhr, 3,50 €) in der ehemaligen Burg der Mönche von den Lérins-Inseln. Es verfügt über eine ethnologische Sammlung und archäologische Funde aus dem Mittelmeerraum; außerdem Bilder, die die Rolle von Cannes in der Malerei illustrieren sowie eine Sammlung mit über 200 Instrumenten aus aller Welt. Moderne Kunst gibt es in der **Chapelle Ste-Anne**.

Übernachten

Familienbetrieb – **Le Florian** 1: 8, rue du Commandant-André, Tel. 04 93 39 24 82, www.hotel-leflorian.com, DZ ab 64 €. Sympathischer Familienbetrieb, im Ausgehviertel von Cannes. Gepflegte Zimmer, teils mit Balkon.

Aufgefrischt – **La Villa Tosca** 2: 11, rue Hoche, Tel. 04 93 38 34 40, www.villa-tosca.com, DZ ab 85 €. Freundliches, komplett saniertes Stadthotel mit Frühstückslounge, Stuck, Zimmern in Ochsenblutrot oder Kaffeebraun.

Weltreise – **3.14.** 3: 5, rue François Einesy, Tel. 04 92 99 72 00, ▷ S. 83

11 | Roter Teppich das ganze Jahr – La Croisette

Karte: ▶ L 3

Nicht nur zum alljährlichen Filmfestival ist die Croisette von Cannes die glamouröseste Meile der Côte d'Azur. An der berühmten Uferpromenade stimmt die Mischung aus Hotelpalästen der Belle Époque, himmelsstürmenden Königspalmen und jeder Menge People: das macht die in Stein, Gesellschaftsklatsch und Brilliantencolliers gewordene Essenz der Riviera.

Ein kleines Kreuz (*crocetta*) am östlichen Zipfel der Bucht von Cannes gab der 1868 angelegten Croisette den Namen. Seit 1871 gehören Palmen in doppelter Reihe zu ihrem Bild. Große Teile des Strands sind so künstlich wie die Scheinwelt von Cannes: Die Flaniermeile begann als Aufschüttung einer ehemaligen Seifenfabrik! 125 000 m³ Sand mussten für das Badevergnügen herangekarrt werden, ein kostspieliges Vergnügen, doch Geld sollte in Cannes noch nie eine Rolle spielen. Was auch für die Strände an der Croisette gilt. Streng abgezirkelt wird der Strand etappenweise bewirtschaftet, mit kostenpflichtigen Liegestühlen, Sonnenschirmen und sündhaft teuren Restaurants. Die Zugehörigkeit zu einer Plage fungiert als soziales Barometer, dessen unterstes Ende die beiden öffentlichen Strände an Anfang und Ende der Croisette kennzeichnen. Ganz basisdemokratisch funktioniert hingegen die Verteilung der blaulackierten Stühle, die längs der Croisette in großer Zahl herumstehen. Wenn einer frei ist, nimmt man ihn sich einfach und genießt den Schaulauf – die Benutzung der Sitzgelegenheit ist gratis.

Glamour-Bunker
Im Westen markiert das 1982 eröffnete **Palais des Festivals** 5 (www.palaisdesfestivals.com) brachial den Beginn

Von Cannes bis zur Mündung des Var

der Croisette. Das Betonungetüm aus Festspielsälen, Ausstellungshalle, Konzertsaal, Casino und Nightclub ist als »le bunker« verschrieen. Auf dem Vorplatz Esplanade Georges Pompidou beginnt die **Allée des Etoiles de Cinéma:** unter den Fliesen mit den Handabdrücken von 120 Stars und Starlets suche man seinen Lieblingsschauspieler.

Cannes Weg zum weltweit wichtigsten Filmfestival begann 1939, nachdem die Konkurrenzveranstaltung in Venedig immer mehr zur Propagandaschau für Mussolinis Regime degradiert worden war. Zwei Jahre zuvor hatte eine allzu linientreue Biennale-Jury die französischen Festivalteilnehmer durch die Ausbotung des im faschistischen Italien politisch unliebsamen Jean-Renoir-Klassikers »La Grande Illusion« brüskiert. Die Idee eines von ideologischen Vorgaben unabhängigen Filmfestivals wurde laut – der mit Luxushotels und Edelrestaurants reichlich versorgte Ort an der Côte d'Azur bekam folglich seine große Chance. Als am 1. September das erste **Festival International du Film** an der Croisette eröffnet werden sollte, war freilich auch schon wieder Schluss. Am selben Tag marschierte die deutsche Wehrmacht in Polen ein, und die aus Hollywood an die Côte gereisten Stars verließen eilends Europa.

Cannes' Riten, zu denen das Treppeschreiten zum Palais des Festivals im Blitzlichtgewitter zählt, sind Legende. Skandale gehören dazu: 1949 reißt sich ein Starlet den Bikini vom Leib und fällt Robert Mitchum um den Hals. Die Nachwuchsschauspielerin wusste, warum. Cannes hatte in kurzer Zeit kräftig an Aufmerksamkeit gewonnen, eine Filmrolle hätte bei der gewagten Aktion herausspringen können. Fünf Jahre später ließ das britische Starlet Simone Silva ebenso die Hüllen fallen, diesmal jedoch im Beisein der Fotografen, was der

Barbusigen ein Großformat in den bunten Blättern und ein Stadtverbot einbrachte. Den einträglichsten Medienrummel der frühen Jahre bescherte die züchtig zugeknöpfte Grace Kelly dem Festival, indem sie 1955 Fürst Rainier von Monaco in Cannes kennen und lieben lernte, eine Romanze *bigger than life,* die so nicht einmal Hollywood erfinden konnte.

Das Festival steht heute für das große Geschäft, bei dem um Weiterverwertungsrechte und Verleihrechte geschachert wird. Mehr als 25 000 akkreditierte Fachbesucher aus fast 100 Ländern reisen jedes Jahr zum Filmfestival ein, darunter über 4000 Journalisten. Auf dem weltweit führenden Filmmarkt werden an einem Tag bis zu 400 Filme vorgeführt – ein knallharter Marathon für Journalisten, Studiobosse und Network-Mogule, dem der Starrummel weiterhin seine überaus glamouröse Fassade aufsetzt.

Hotellegenden

Gegenüber des Palais des Festivals trumpft der erste von den vier legendären Hotel-Palaces der Croisette mit seiner 1923 entworfenen Prachtfassade auf: **Le Majestic** (Nr. 14) **6** . Auf derselben Straßenseite erinnert weiter östlich die Square Prosper Mérimée an den Schöpfer von »Carmen«: Der Schriftsteller verstarb 1870 im Eckhaus zur Rue Jean-de-Riouffe, woran eine Gedenkplakette erinnert. Nebenan stand bis 1988 das alte Festivalpalais aus dem Jahre 1947, dessen Fassade in den Hotelkomplex des klotzigen **Noga-Hilton** (Nr. 50) **7** integriert wurde. Es folgen die Hotelpaläste **Carlton** (Nr. 58) **8** und das im Art déco-Stil errichtete **Martinez** (Nr. 73) **5** . Das 1907 eröffnete Carlton sticht die Konkurrentinnen unübersehbar aus. Der Lokalfama zufolge sollen die birnenförmigen Eck-

11 | La Croisette

kuppeln den Brüsten der ›schönen Otéro‹, einer der großen Luxuskokotten der Belle Époque, nachempfunden sein. Hier traf Fürst Rainier auf den »amerikanischen Schwan« Grace Kelly, die im Carlton mit Cary Grant gerade »Über den Dächern von Nizza« drehte.

Kunst an der Croisette

Trotz der schmucken Fassade geht **La Malmaison** 9 in der Abfolge der Luxushotels und dem Ballett der von Chauffeuren gelenkten Luxuskarossen fast unter. Der zauberhafte, von zwei Palmen flankierter Bau, war ursprünglich Spiel- und Teesalon des 1863 errichteten, und genau einhundert Jahre später wieder abgerissenen Grand Hôtels. Der Pavillon konnte 1970 von der Stadt gekauft werden und dient seit 1993 als Ausstellungshaus für Wechselschauen moderner Malerei und Bildhauerei (Nr. 47, Mi–Mo 10.30–13, 15–18 Uhr).

Die erste Sommersaison

Vorbei am modernen Jachthafen Port Canto endet der Boulevard de la Croisette an der fast 600 m ins Meer reichenden **Pointe de la Croisette** 10. Von der Landspitze reicht der Blick über die Bucht von Cannes, dem Golf de la Napoule und das Estérel-Massiv. Der Ort hat zudem Tourismusgeschichte gemacht: Im 1929 auf die Pointe gesetztem **Casino Palm-Beach** 3 (www.casinolepalmbeach.com) wurde die erste Sommersaison Cannes lanciert.

Aufsehenerregend auch in den fünfziger Jahren: die Wahl der Miss Festival

Von Cannes bis zur Mündung des Var

Info
Office de Tourisme: S. 79
Öffentlicher Nahverkehr: Panoramabusse der Linie 8 verbinden den Vieux Port im Westen der Croisette mit der Pointe de la Croisette im Osten, www.busazur.com.

Essen und Trinken
Le Restaurant Arménien 4 : 82, bd. de la Croisette, Tel. 04 93 94 00 58, www.lerestaurantarmenien.com, Menü 45 €, Mo geschl. und nur abends geöffnet. Der Tisch der gebürtigen Armenierin Lucie Panossian ist so legendär wie die Croisette – im Goldenen Buch des Hauses haben sich Filmlegenden und Stammgäste verewigt. Originale armenische Küche mit Dolmas und Keschegs.
Sündhaft teuer wird es im Sternerestaurant des **Martinez** 5 (La Palme d'Or, Tel. 04 92 98 74 14, So, Mo, außer Juni–Okt. auch Di geschl., Menü 66 (mittags) bis180 €. Alternativen, ebenfalls an der Croisette, aber bleiben.

Ausgehen
Jimmy'z 4 : 1, bd. de la Croisette (im Palais des Festivals 5). **La Discothéque des Stars:** Viel Glitter, noch mehr Spiegel, Sessel mit Leopardenfellimitat. Ruinöse Preise: die Flasche Wein um 350 €, der Softdrink zu 65 €.
L'Amiral 5 : 73, bd. de la Croisette, www.hotel-martinez.com, 10–2 Uhr. Die Bar des Hotel macht während des Filmfestivals die größten Umsätze – die meisten Soiréen sind dann geschlossene Gesellschaft. Außerhalb des Festivals ab 19.30 Uhr Cocktailstunde mit Livemusik.

Festival de Cannes
Das Internationale Filmfestival im Mai ist nur für Fachbesucher zugänglich, aber Schaulustige kommen auch am Rand des roten Teppichs auf ihre Kosten, www.festival-cannes.com.

Strände
An den **Plages de la Croisette** wird's teuer. Und: sich hinlegen kostet in den meisten Abschnitten. Am Ponton des Grand Hotel Majestic bietet der **Ski Club** 2 (Tel. 04 92 98 77 47, www.majesticskiclub.online.fr, April–Okt.) Wassersportaktivitäten an: mit dem Gleitschirm vom Schnellboot abheben und Cannes von oben besichtigen! Gratis ist der öffentliche Strand am **Port Canto** 3 . Etwas stiller noch ist die öffentliche **Plage Gazagnaire** 4 hinter der Pointe de la Croisette.

www.3-14hotel.com, DZ ab 155 €. »Fünf Etagen, fünf Kontinente« lautet das Thema. Luxuriöse Zimmer von poppig amerikanisch bis bombastisch indisch. Mahatma-Lounge, Sonnendach mit Pool, Jacuzzi, Hammam.

Essen und Trinken

Unverwüstlich – **Aux Bons Enfants** [1]: 80, rue Meynardier, keine Kreditkarten, So geschl., Okt.–April auch Mo, Menü 24 €. Eine Institution mit provenzalischer Hausmannskost. Sehr freundlicher Empfang.

In der Restaurantmeile – **Le Mantel** [2]: 22, rue St-Antoine, Tel. 04 93 39 13 10, 2. Julihälfte Do mittag geschl., Juli/Aug. nur Dîner, Menü 27 (mittags)–57 €. Noël Mantel hat bei Ducasse gelernt: Risotto mit Flusskrebsen und grünem Spargel an Chorizo-Jus.

Elegant – **Le Mesclun** [3]: 16, rue St-Antoine, Tel. 04 93 99 45 19, nur Dîner, So geschl., Menü 39 €. Exzellente provenzalische Küche: Peterfisch in Anis, Lammrücken aus Sisteron.

Legendär – **Le Restaurant Arménien** [4]: s. S. 82

Sündhaft teuer – **Martinez** [5]: s. S. 82

Sport und Aktivitäten

Tauchen – **Plongée Club de Cannes** [1]: Quai St-Pierre, Tel. 04 93 38 67 57, www.plongee-sylpa.com, April–Okt. tgl. außer So nachmittags. Kurse und Tauchgänge um die Lérins-Inseln.

Einkaufen

Markt – **Marché Forville** [1]: Di–So 7–13 Uhr. Markthalle mit herzerfrischend rumpeligen Kneipen rundherum Tipp: Taverne Lucullus, 4, pl. du Marché-Forville, Mo geschl., Tapas & Toasts.

Trödel – **Marché de la Brocante** [2]: Allées de la Liberté, Sa.

Pasta – **Aux Bons Raviolis** [3]: 31, rue Meynadier. Pasta in diversen Varianten.

Luxusmeile – Mode und Schmuck [4]: am besten in der **Rue d'Antibes**.

Ausgehen

Bar und Disco – **4U** [1]: 6, rue des Frères-Pradignac, tgl. 18–2.30 Uhr, www. bar4u.com. Die zentrale Theke in der Mitte ist zum Aperitif gefüllt. Später dröhnen House und Latino-Sounds aus den Boxen.

Gayfriendly – **Le Zanzibar** [2]: 85, rue Félix Faure, tgl. 18–4 Uhr, www.lezanzi bar.com. Wo Klaus Mann einst seinen letzten Abend verbrachte, sitzen auffällig viele Jungs.

Geschichtsträchtig – **Casino Palm Beach** [3]: s. S. 81

Stardisco – **Jimmy'z** [4]: s. S. 82

Livemusik – **L'Amiral** [5]: s. S. 82

Starlets und Beachboys

Die Wahl des ›richtigen‹ Strandes entscheidet in Cannes über Sein oder Nichtsein. Newcomer haben es schwer: Das System der bewirtschafteten *plages* ist verwirrend, zusätzlich kompliziert durch das Preisgefüge für Matten, Liegen, Handtücher, Sonnenschirme. Die exklusivsten Strände sind nach den Hotelpalästen an der Croisette benannt. Zur ersten Orientierung: An der **Plage des Majestic** stehen die Chancen, eine Ölprinzessin zu treffen, besonders gut. An der **Plage Martinez** darf man auf Naomi & Friends hoffen. Am **Carlton Beach** tummeln sich *all american boys*. So oder so kostet der Tag zu zweit an der *plage privée* so viel wie die Nacht im Zwei-Sterne-Hotel in der Provinz.

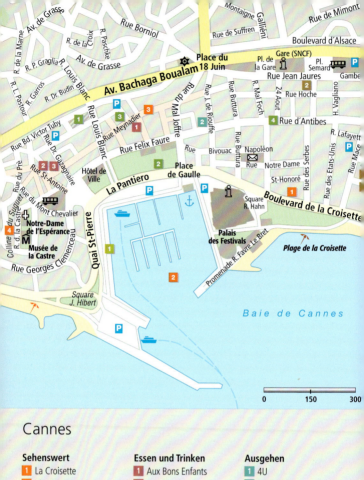

Cannes

Sehenswert
1. La Croisette
2. Vieux Port
3. Rue Meynadier
4. Colline du Suquet

Übernachten
1. Le Florian
2. La Villa Tosca
3. 3.14.

Essen und Trinken
1. Aux Bons Enfants
2. Le Mantel
3. Le Mesclun

Einkaufen
1. Marché Forville
2. Marché de la Brocante
3. Aux Bons Raviolis
4. Rue d'Antibes

Ausgehen
1. 4U
2. Le Zanzibar

Sport und Aktivitäten
1. Plongée Club de Cannes

Siehe auch Detailplan:
La Croisette S. 82

Information und Termine
Office de Tourisme: Palais des Festivals, 1, La Croisette, 06400 Cannes, Tel. 04 92 99 84 22, www.cannes-travel.com oder www.palaisdesfestivals.com. Zweigstelle im Bahnhof: Tel. 04 93 99 19 77.
Internat. Filmfestival: s. S. 79
Nuits musicales du Suquet: Juli, Konzerte auf dem Suquet-Hügel

Inselglück

Die von Eukalyptus und Pinien begrünten **Îles de Lérins** liegen 1 km vor der Küste von Cannes. Auf der *Île Ste-Marguerite* (Fähre ab Hafen Cannes, hin und zurück 11 €), der größeren der beiden Inseln führt ein 7 km langer Rundweg zum Vogelschutzgebiet am Batéguier-Teich, dem königlichen Fort (Juni–Sept. 10–17.45, Okt.–März Di–So 10.30–13.15, 14.15–16.45, April–Mai bis 17.45 Uhr, 3 €). Das Fort wurde 1685 Staatsgefängnis. In seinen Mauern saß ein durch eine Maske unkenntlich gemachter Gefangener, den Marcel Pagnol in seinem Roman »Die eiserne Maske« als Zwillingsbruder von Ludwig XIV. zu identifizieren suchte. Die deutlich kleinere **Île St-Honorat** (Fähre Planaria ab Quai des Îles, hin und zurück 11 €), bewirtschaften Mönche. Weinberge und Felder bestimmen die Idylle. Der aus Trier stammende römische Patriziersohn Honoratus gründete 410 das erste Kloster auf der Insel. Im 11. Jh. wurde es befestigt (Juli/Aug. Führungen 10.30–12.30, 14.30–17 Uhr, sonst Besichtigung 9–17 Uhr, 2,50 €).

Festival de la Pantierio: Ende Juli/Aug., elektronische Musik

Verkehr
Zug: Bahnhof Rue Jean Jaurès, Tel. 36 35, www.voyages-sncf.com. Züge in alle Küstenorte zwischen St-Raphaël und Menton, TGV nach Paris.

In der Umgebung
Mougins: In dem mittelalterlichen Dorf (www.mougins-coteazur.org), 8 km nördlich, mit Belle-Époque-Brunnen auf dem Rathausplatz und der Kapelle **Notre-Dame de Vie** aus dem 12. Jh. (ca. 3 km außerhalb) verbrachte Picasso seine letzten Lebensjahre (1961–1973).

Mandelieu-La Napoule
Im Ortsteil La Napoule lockt das **Château de La Napoule:** Bildhauer Henry Clews ließ die monströse Burg restaurieren, um dort die exzentrische Inszenierung seines Lebens zu zelebrieren. Heute ist es eine Kunststiftung mit Park (Feb.–Okt. tgl. 14–18, sonst bis 17 Uhr, Führungen auf Anfrage, www.chateau-lanapoule.com).

Théoule-sur-Mer
Im kleinen Badeort in einer Calanque erhebt sich am Ufer das **Château de Turenne** (14. Jh.). Ein Küstenwanderweg um die Pointe de l'Auguille führt zu schönen kleinen Badebuchten und roten Felsen.

Vallauris
Picasso lebte zeitweilig in dem Töpferdorf 6 km nordöstlich (www.vallauris-golfe-juan.fr), wo er 1952–54 in der Kapelle an der Pl. de la Libération die Wandgemälde »Krieg« und »Frieden« schuf (Mitte Juni bis Mitte Sept. Mi–Mo 10–12.15, 14–17 Uhr). Auf der Pl. Paul Isnard steht die bekannte Picasso-Plastik »L'Homme au mouton«.

Grasse ► K 2

Seit Patrick Süskinds Bestseller »Das Parfum« weiß jedermann, dass Grasse ein ›Rom der Düfte‹ ist, `direkt 12|` ▶ S. 86. »Balkonstadt« nennen die 48 000 Grasser hingegen ihre Heimat, die über einer fruchtbaren Ebene an den ersten Ausläufern der Seealpen ▷ S. 89

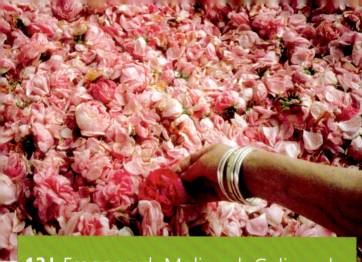

12 | Fragonard, Molinard, Galimard – Grasse, Hauptstadt des Parfums

Karte: ▶ K 2

Ein halbes Dutzend Familienbetriebe produziert in Grasse noch natürliche Duftessenzen für den internationalen Markt. Zwei davon, Mane und Robertet, sind Giganten mit weitläufigen Produktionsanlagen und einigen Hundert Angestellten in und um Grasse. Drei Dutzend weitere kleine Labors, manchmal nicht größer als eine Hinterhauswohnung, pusten Wohlgerüche in die Altstadt. Und in immerhin 3 Betrieben kann man lernen, wie ein Parfum kreiert wird.

Das Pays de Grasse ist ein sanftes Hügelland, das mit dem Frühjahr wie ein bunter Flickenteppich aus Blumenplantagen und Villenvierteln wirkt. Nach Westen begrenzt das Estérel-Massiv den Landstrich. In seinem Schutz verflüchtigt sich der eisige Mistral des Hochlands zum sanft säuselnden Lüftchen. Für die Grasser Parfumeure bedeutet der metereologische Dauerglücksfall den Schlüssel zum Erfolg ihres wohlriechenden Gewerbes. In den Gärten vor Grasse ziehen sie seit der Renaissance alles heran, was die Nasen ihrer Klientel an Duftessencen begehren.

Die Zeiten haben sich seit dem Vormarsch der Multikonzerne geändert, vor allem für die Zulieferer aus dem Pays de Grasse. Längst kaufen die Großen ihre Rosen in Billiganbauländern wie Bulgarien, Marokko oder Indien. Näheres wird nicht verraten, die Parfumeure stecken in geschäftlichen Fragen ihre Nasen dicht zusammen. Soviel dennoch: Im Pays de Grasse werden die Parfumrosen seltener. Doch noch immer sammelten die Pflückerinnen tonnenweise Jasminblüten von den Feldern. Und von 40 weltweit aktiven Nasen, den Parfumkreateuren, haben die meisten ihre Ausbildung in Grasse absolviert oder arbeiten in der Stadt.

12 | Grasse, Hauptstadt des Parfums

Rundgang durch die Welt des Parfums

Einen chronologischen Streifzug durch die Geschichte des Parfums vom antiken Ägypten bis in unsere Tage bietet das **Musée International de la Parfumerie** (2, bd. du Jeu-de-Ballon, www.museesde grasse.com, Okt.–Mai Mi–Mo 11–18, sonst tgl. 10–19, Do bis 21 Uhr, Erw. 3 €, Kinder frei). Der Hauptbau des 3500 m2 großen Komplexes ist das elegante Barockpalais Hôtel de Pontevès. Daran angebaut ist ein ultramoderner Trakt, der sich mit rostigem Corten-Stahl und knalligen Kartell-Stühlen zur Moderne bekennt. Miteinbezogen wurde die bei den Arbeiten entdeckten Reste der mittelalterlichen Stadtmauer. An den Wänden klebt die eigens für das Museum entworfene Tapete »Parfum de Papier peint« – mit einem Muster aus alten Parfumetiketten.

Der Rundgang steckt voller Überraschungen wie etwa einem Gewächshaus mit exotischen Duftpflanzen oder Wandschränken, auf denen ein Fragezeichen prangt – unbedingt aufmachen, die kleinen Schausammlungen innen sind sehr interessant. Zu den kostbarsten Exponaten gehört das Reisenecessaire von Königin Marie-Antoinette, das unter der Parole »Liberté, Ègalité, Fraternité« ausgestellt ist: der Saal im Hôtel de Pontevès diente in der Revolution als Gericht. Die revolutionären Wandtapisserien sind somit echt. Die Guillotine stand damals im Hof des Baus, exakt an der Stelle, wo heute die **Fontaine des cœurs renversés** zwischen Orangenbäumen plätschert. Ein weiterer Höhepunkt des Museums sind die in mauerhohen Vitrinen ausgestellten Parfumflakons namhafter Kristallglasdesigner wie Lalique oder Baccarat.

Schnupperkurs

Molinard ist mit einem Fabrikgebäude von 1900 und dem alten provenzalischen Mobiliar im Foyer der vielleicht ursprünglichste unter den Grasser Parfumeuren. Das Haus wurde 1849 gegründet und befindet sich seit 5 Generationen in Familienbesitz. Bei der Führung erfährt man, woher die 3000 *matières premières* (Rohstoffe) der Parfumeure stammen: Eine Karte zeigt auf Kopfdruck etwa die Heimat des Vetiver auf Réunion.

Das »Rom der Düfte«: Grasse liegt eingebettet im sanften Hügelland

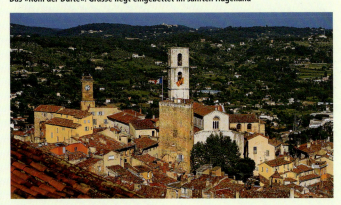

87

Von Cannes bis zur Mündung des Var

Richtig interessant wird es im Tarinologie-Workshop in der benachbarten **Villa Habanita,** benannt nach dem Parfum gleichen Namens, das seit 1925 ein Verkaufsschlager ist – nicht zuletzt dank des schwarzem Lalique-Flakons. Im zitronengelben Stucksalon lernt man in nur 1,5 Std., aus den 3 Komponenten jedes Parfums – der Kopf-, Herz-, und Grundnote, die sich je aus mindestens 3 Grundstoffen zusammensetzen – ein eigenes Duftwasser zu kreieren.

So werden etwa Pamplemousse, Cèdre (Zeder), Boisé (Holz), Cardamone, Mousse de chêne (Eichenmoos) oder Geranium vermischt. Dabei hilft eine ausgebildete Parfumeurin. Am Ende des Kurses gibt es ein Diplom, auf dem die olfaktorische Pyramide des neu erfundenen Dufts festgehalten ist. Als feste Regel gilt: 25 % betragen der jeweilige Anteil der Note de Tête und der Note de Cœur, 50 % der der Note de Fond. Fehlt

Übrigens: Die Domaine de Manon öffnet Mai–Sept. ihre Rosenfelder (nachmittags), und Aug.–Okt. ihre Jasminfelder (vormittags) zur geführten Besichtigung (ca. 1,5 Std.). Der Familienbetrieb, der u. a. Chanel und Guerlain beliefert, stellt auch Blütenkonfitüren her, die man in der Boutique kaufen kann. Plascassier, Chemin du Servan (ca. 7 km außerhalb), Tel. 04 93 60 12 76, www.domaine-manon.com.

noch ein Parfumname, den man frei erfinden kann, und schon hält man das erste Fläschen des soeben kreierten Duftwassers in Händen.

PS: Die genaue Zusammensetzung bleibt mittels einer Nummer kodiert im Hause Molinard – Nachbestellen des individuellen Parfums ist daher jederzeit möglich.

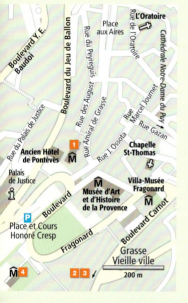

Info
Parfumerie Molinard 2 : 60, bd. Victor Hugo, www.molinard.com, April–Sept. tgl. 9–18.30, sonst tgl. außer So 9–12.30, 14–18 Uhr. Gratisführung durch das Firmenmuseum und die Produktion. Mehrere Parfumworkshops im Angebot, darunter das Atelier de Tarinologie (1,5 Std. inkl. des eigenen Parfums 40 €).

Galimard Studio des Fragrances 3 : 5, route de Pégomas-Rond-Point des 4 Chemins, www.galimard.com. 2-stündige Parfumworkshops, 48 €/Pers. inkl. eines eigenen Parfums. Tgl. auf Anfrage 10, 14 und 16 Uhr.

Fragonard. La Fabrique des Fleurs 4 : Rt. de Cannes, www.fragonard.com, Feb.–Okt. 9–18.30, sonst 9–12.30, 14–18 Uhr. Gratisbesichtigung Produktion und Parfumpflanzengarten, Boutique mit Fabrikpreisen.

liegt. Während im Rücken der Stadt der eisige Mistral über die Haute Provence fegt, säuselt im lieblichen Pays de Grasse ein laues Windchen.

Places aux Aires
Buntes Treiben an Markttagen und heimelige Restaurants unter Arkaden aus dem 15.–16. Jh. Das barocke Palais Isnard schmückt die Nordseite des Platzes.

Kathedrale Notre-Dame du Puy
Place du Petit Puy, tgl. 9.30–11.30, 15–17.30, Juli/Aug. bis 18.30 Uhr, Winter So geschl.
Der karge Bau auf einem Felssockel birgt in seinem Inneren »Dornenkrönung« und »Kreuzigung« von Rubens sowie die »Fußwaschung« von Fragonard. Neben der Kirche erhebt sich das Hôtel de Ville, ehemals Bischofspalast, samt einem Wachturm aus dem 10. Jh.

Altstadt
Der nördliche Teil um die Place E. Roustan wird im Volksmund ›la casbah‹ genannt, denn in den Gassen wohnen viele Nordafrikaner. Über den gotischen Häusern weht der Hauch eines *souk*.

Villa-Musée Fragonard
23, bd. Fragonard, Juni–Sept. tgl. 10–12.30, 13.30–18.30, sonst Mi–So 10–12.20, 14–17.30 Uhr, 3 €
Ausgestellt sind neben einigen Originalen vor allem Kopien von Werken des Rokokomalers Honoré Fragonard.

Musée d'Art et d'Histoire de la Provence
2, rue Mirabeau, Öffnungszeiten wie Musée Fragonard
Das elegante Palais des 18. Jh. mit Barockgarten präsentiert Fayencen, Trachten, Mobiliar und Santons.

Musée International de la Parfumerie **1**, s. S. 87

Übernachten
Praktisch – **Hôtel du Patti**: Pl. du Patti, Tel. 04 93 36 01 00, www.hotelpatti.com, DZ ab 85 €. Neubau am Altstadtrand, provenzalische Zimmer.
Klösterlich – **Mandarina Hôtel**: 39, av. Yves-Emmanuel-Baudouin, Tel. 04 93 36 10 29, www.mandarinahotel.com, DZ ab 87 €. Ehemals Kloster, heute komfortables Hotel mit Aussicht.

Essen und Trinken
Versteckt – **Lou Candeloun**: 5, rue des Fabrières, Tel. 04 93 60 04 49, So, Sommer Mo mittag, Nebensaison Mo abend geschl., Menü ab 29 €. Schickes Bistro in einer Altstadtgasse. Sehr gute, frische Küche des Südens.
High End – **La Bastide St-Antoine**: 48, av. H. Dunant, Quartier St-Antoine, Tel. 04 93 70 94 94, www.jacques-chibois.com, Menü 60 (Mo–Fr mittag) bis 190 €. Sternetempel in einem Landhaus des 18. Jh. Provenzalische Küche auf Höchstniveau.

Information und Termine
Office de Tourisme: Cours Honoré Cresp, 06130 Grasse, Tel. 04 93 36 66 66, www.grasse-riviera.com
Expo Rose: 1. Mai-Wochenende, Fest zur Rosenblüte, Rosenkorso.
Fête du Jasmin: 1. Aug.-Wochenende, Feuerwerk und Ball.

Gorges du Loup ▶ K/L 2

Nördlich von Le Bar-sur-Loup frisst sich der Loup tief in den Fels. Dörfer kleben in schwindelnder Höhe über dem Gebirgsbach. Näher an den Wasserfällen ist man am linken Ufer. Wanderweg GR 51 oberhalb der Schlucht.

Von Cannes bis zur Mündung des Var

Übernachten

Charmeoffensive – **L'Auberge de Tourettes:** Tourettes-sur-Loup, 15 km in östlicher Richtung, Tel. 04 93 59 30 05, www.aubergedetourettes.fr, DZ ab 102 €. 6 Zimmer über den Dächern eines Gebirgsdorfs.

Vence ▶ L 2

Vence (19 000 Einw.) liegt unterhalb der sich imposant aufbauenden Felskulisse der **Chaîne des Baous.** Behütet von vier Stadttoren ist das Stadtbild mit Plätzen, Brunnen und Gassen mittelalterlich. An der 400 Jahre alten **Porte du Peyra** plätschert ein Brunnen. Ein zweites stattliches Tor ist die **Porte Signadour.** An der Place Godeau steht eine der beiden Colonnes des Marseillais (Säulen), die Vence anno 263 von der Hafenstadt zum Zeichen ihrer beider Handelsverbindungen erhalten hat.

Vence war vom 5. Jh. Bischofssitz und blieb es bis zur Revolution. Gegen Ende des Ersten Weltkriegs begann der touristische Aufstieg. Gide, Valéry und Dufy schauten vorbei, in den 1950er-Jahren Cocteau, Matisse und Chagall.

Kathedrale de la Nativité de la Vierge

Pl. Clemenceau, 9–18 Uhr
Neorokokofassade, die die karolingischen Fundamente nicht erahnen lässt. Baptisterium mit Chagall-Mosaik »Moses aus den Fluten errettet«.

Chapelle des Pénitents-Blancs

Pl. Frédéric Mistral, Di–So 10–12.30, 14–18 Uhr
Barockkapelle mit einer Kuppel aus bunt lasierten Ziegeln. Heute ist sie ein Ausstellungsraum.

Château de Villeneuve/ Fondation Emile Hugues

2, pl. du Frêne, Di–So 10–12.30, 14–18 Uhr, 5 €
Der Stammsitz des Adelsgeschlechts von Villeneuve dient heute als Museum. Präsentiert werden Werke von Matisse, Dubuffet, Chagall. Außerdem werden Sonderausstellungen zeitgenössischer Kunst veranstaltet.

Chapelle du Rosaire

468, av. Matisse, Mo, Mi, Sa 14–17.30, Di, Do 10–11.30, 14–17.30 Uhr, 3 €
Von Matisse, der sich von 1943 bis 1948 nach einer schweren Operation in Vence einquartierte, stammen aus Dank für die erhaltene Fürsorge die Pläne und die in lichter Farbigkeit gehaltenen Dekortationentwürfe für die Kapelle.

Übernachten

Camping – **Domaine de la Bergerie:** Rte. de la Sine, 3 km südöstl., Tel. 04 93 58 09 36, www.camping-domainedela bergerie.com, Ende März bis Okt., ab 17 €, Chalets ab 250 €/Woche. Hügelige Wiesen. Schöner Baumbestand.

Traditionshaus – **Auberge des Seigneurs:** Pl. du Frêne, Tel. 04 93 58 04 24, www.auberge-seigneurs.com, Jan. geschl., DZ ab 85 €. Am schönsten Platz von Vence. Das Hotel stammt zum Teil aus dem 14. Jh. Viel Atmosphäre.

Villa mit Garten – **Villa Roseraie:** 14, av. Henri Giraud, Tel. 04 93 58 02 20, www.villaroseraie.com, DZ ab 87 €. Blassrosa 1900-Villa mit farbenfrohem Interieur. Pool und Garten.

Meerblick – **La Colline de Vence:** 808, chemin des Salles (von Vence auf der D2 Richtung Col de Vence), Tel. 04 93 24 03 66, www.colline-vence.com. Chambres d'hôte in den Farben des Südens, alle mit Blick aufs Meer. Pool, Garten. Gehobene Ausstattung. DZ/F je nach Saison ab 78–150 €.

Antibes

Essen und Trinken
Kreativ – **Le vieux Couvent:** 37, av. Alphonse Toreille, Tel. 04 93 58 78 58, Do mittag, Mi mittag im Sommer, Juli/Aug. auch Di mittag geschl. Eleganter Tisch mit 400 Jahre altem Gewölbe. Innovative Regionalküche.

Einkaufen
Wochenmarkt: Di und Fr, Altstadt.
La Poterie du Peyra: Pl. du Peyra, tgl. 9.45–18.45 Uhr, Winter So/Mo geschl. Provenzalisches Kunsthandwerk.
Confiserie des Gorges du Loup: Le Pont-du-Loup (13 km westl.), www.confiserieflorian.com. Kandierte Früchte, Konfitüren, Sirup.

Information
Office de Tourisme: 8, pl. du Grand Jardin, 06140 Vence, Tel. 04 93 58 06 38, www.vence.fr

Verkehr
Bus: Ligne d'Azur, Linie 94 u. 400 nach Nizza, TACVAL nach Grasse u. Tourrettes-sur-Loup. Ab Pl. du Grand Jardin.

In der Umgebung
St-Paul-de-Vence
Das Dorf thront auf einem Felskamm über zwei Tälern. Nach dem Zweiten Weltkrieg war es ein Treffpunkt der Pariser Bohème. Auf dem Friedhof liegt Marc Chagall begraben. Von der Stadtmauer hat man einen schönen Blick auf Orangengärten und die im Winter schneebedeckten Südalpen.

Fondation Maeght
Ca. 1 km vor dem Dorf, Juli–Sept. 10–19, Okt.–Juni 10–18 Uhr, www.fondation-maeght.com, 11 €
1962 eröffnete das Sammlerpaar Aimé und Marguerite Maeght die Kunststiftung, ein einmaliges Spektrum der Moderne. Patios und Gärten sind in die der Landschaft angepassten Architektur von José-Luis Sert einbezogen. Chagall, Tal-Coat und Ubac steuerten Mosaiken, Miró und Giacometti Skulpturen bei.

Antibes ▶ L 3

Antibes (75 000 Einw.) verschanzt sich zum Meer hin hinter mittelalterlichen Mauern. Unbeeindruckt von den exklusiven Villen am Cap d'Antibes, dem ›Kap der Milliardäre‹, nimmt das Leben in der Altstadt seinen südländisch-bodenständigen Lauf. Zentrum ist der quirlige Markt unter einer offenen Halle.

Zentrum der Altstadt Antibes ist der quirlige Markt auf dem Cours Masséna

Von Cannes bis zur Mündung des Var

Der Pool der Poole

Baden wie die Filmstars und -sternchen? In Antibes kein Problem: Für eine saftige Gebühr darf man auch als Nicht-Hotelgast des Hôtel du Cap in den Pool des Eden Roc hineinspringen. Madonna ist den Weg vom Hôtel du Cap zu diesem Pool der Poole gegangen. Richard Gere auch. Sharon Stone, um beim Filmfestival in Cannes blau zu machen. Könige und Operndiven sowieso. Sie alle kamen, um in das wohltemperierte Meerwasser zu tauchen. Myriaden silberner Fünkchen glitzern auf dem Wasser, als gelte es, den Namen der Anse de l'Argent-Faux Lügen zu strafen – ›Bucht des falschen Silbers‹ heißt die Felssichel, in der ein Pool das Blau der Côte d'Azur in den Schatten stellt. www.hotel-du-cap-eden-roc.com.

Kathedrale

Die barocke Schaufassade täuscht über die romanische Architektur hinweg (Glockenturm aus dem 12. Jh.). Berühmt ist der Rosenkranzaltar (um 1515), vermutlich von Louis Bréa.

Musée Picasso im Château Grimaldi

– Meisterwerke mit Meerblick, **direkt 13** S. 93

Jardin Thuret

Cap d'Antibes, 1, bd. du Cap, Mo–Fr Sommer 8–18, sonst 8.30–17.30 Uhr Der Park aus dem Jahr 1865 lockt mit exotischen Raritäten.

Villa Eilen Roc

Cap d'Antibes, Av. Beaumont, Park Di/ Mi 9–17, Villa Mi 9–12, 13.30–17 Uhr, Juli/Aug. geschl. Das grandiose Anwesen wurde Ende 19. Jh. von Charles Garnier für den ehemaligen Gouverneur von Indien erbaut.

Musée Naval et Napoléonien

Cap d'Antibes, Av. Kennedy, Mo–Fr Mitte Juni bis Mitte Sept. 10–18 Uhr, sonst 10–16.30 Uhr, 3 € Schiffsmodelle und Napoleon-Devotionalia im mittelalterlichen Graillon-Turm.

Übernachten

Hideaway – **La Jabotte:** 13, av. M. Maurey, Tel. 04 93 61 45 89, www.jabotte.com; DZ/F ab 75 €. 5 Min. von der Plage de la Salis. Ländlich still, südlich getönte, kleine Zimmer um einen Innenhof mit Mimose und Orangenbaum.

Landhaus – **La Bastide du Bosquet:** 14, chemin des Sables, Tel. 04 93 67 32 29, www.lebosquet06.com, DZ/F ab 95 €. Chambres d'hôtes in einem Landhaus des 18. Jh. (ab 3 Nächten) zwischen Antibes und dem Cap d'Antibes.

Blick aufs Kap – **Le Mas Djoliba:** 29, av. de Provence, Tel. 04 93 34 02 48, www.hotel-djoliba.com, DZ ab 90 €. Villa aus den 1920er-Jahren, etwas außerhalb, still, Garten. Pool. Von der oberen Etage Blick aufs Cap d'Antibes.

Essen und Trinken

Authentisch – **La Taverne du Safranier:** 1, pl. du Safranier, Tel. 04 93 34 80 50, Juli/Aug. Mo mittag, Mi, sonst So abend, Mo geschl., Menü ab 20, Bouillabaisse 28 €. Populäres Fischrestaurant, beliebt unter Einheimischen.

Italienisch-provenzalisch – **Oscar's:** 8, rue Rostan, Tel. 04 93 34 90 14, Juni So/Mo geschl., Menü ab 28 €. Sehr gutes Preis-Leistungs-Verhältnis. ▷ S. 95

13 | Meisterwerke mit Meerblick – Musée Picasso in Antibes

Karte: ▶ L 3

Die Wege zur Kunst führen manchmal über den Strand. Im August 1946 fragte Romuald Dor de la Souche, Konservator des Musée Grimaldi in Antibes, Pablo Picasso, ob der katalanische Künstler nicht ein Bild fürs Museum fertigen könne. Picasso sagte bei einem Strandausflug in Golfe-Juan zu. Der Rest ist Kunstgeschichte.

Eine Bedingung stellte Picasso: Er wollte zuerst das Musée Grimaldi besichtigen, sprach's und schaute im Museum vorbei, das 1925 in der mittelalterlichen Feste der Grimaldi eröffnet worden war. Picasso war vom klobigen, zinnenkrönten Bau an der Stadtmauer von Antibes begeistert und nahm die Einladung von Romuald Dor de la Souche an, in der Grande Salle des zweiten Stocks vorrübergehend sein Atelier einzurichten. Von Mitte September bis Mitte November 1946 zog der Jahrhundertkünstler mit seiner jungen Gefährtin Françoise Gillot in das Château von Antibes – der fulminante Blick aufs Mittelmeer beflügelte den Aufenthalt. In den zwei Monaten entstanden 23 Gemälde und 44 Zeichnungen, die Picasso bei der Abreise der Stadt vermacht hat.

Zusammen mit weiteren Werken, allen voran denen, die Picassos letzte Frau Jacqueline der Stadt 1991 überließ, bilden die Werke den Kern des 2008 nach grundlegender Sanierung neueröffneten Musée Picasso.

Donation Hartung-Bergman

Mit der Schenkung der beiden Künstler Hans Hartung, dem Begründer der Abstraction lyrique, und Anna-Eva Bergman beginnt der Besuch des Museums. Die beiden Säle im Erdgeschoss des Château Grimaldi wurden anlässlich der Schenkung 2001 eigens für die Werke des Künstlerpaars hergerichtet, die seit

93

1973 in Antibes gelebt haben. Zu sehen sind blattgoldschimmernde, abstrakte Gemälde von Anna-Eva Bergman und monumentale, explosive Leinwandkompositionen von Hans Hartung aus den 1940er–1980er-Jahren.

Salle Dor de la Souche

Eine imposant ausladende Treppe führt in den 1. Stock, wo neben Wechselausstellungen die Collection Nicolas de Staël in der Salle Dor de la Souche gezeigt wird. Zu sehen sind u. a. die Werke »Nature morte fond bleu« oder das rotgrundige »Le Grand Concert«, allesamt Bilder, die der Maler während eines Aufenthalts in Antibes vom September 1954 bis zu seinem Selbstmord März 1955 geschaffen hat.

Donation Picasso

Das zweite Stockwerk steht ganz im Zeichen von Pablo Picasso (1881–1973). Im großen Saal sind 1946 die lebensbejahenden, vor Kraft und Glück strotzenden Werke »La Joie de vivre«, das auf die Wand gemalte »Les Clefs d'Antibes« oder »La Femme aux oursins« entstanden. Es war eine Hochphase im Schaffen des Künstlers, der den Zweiten Weltkrieg glücklich hinter sich gelassen hatte und in leidenschaftlicher Liebe zu Françoise Gillot entbrannt war. Satyre, Zentaure und Faune bezeugen die Hinwendung des Künstlers zur Mythologie der Antike – das Château basiert auf den Fundamenten einer griechischen Akropolis, denn Griechen aus Kleinasien haben Antipolis,

das spätere Antibes gegründet. »Ulysse et les sirènes« ist ein weiteres Beispiel für Picassos Entdeckung antiker Mythen. Auch seine Liebe für Ziegen findet im Bild »La Chèvre« ihren Widerhall – in den 1950er-Jahren sollte Picassos Ziege Esmeralda frei in seinem Haus in Cannes leben.

Unter den Zeichnungen stehen die Folgen »La Suite Antipolis«, »Les Têtes de faune« oder »Etudes pour une figure féminine«. Schon 1948 gelang es dem Museum, 78 Keramiken Picassos aus dem Atelier Madoura in Vallauris (s. S. 85) hinzuzugewinnen, darunter den »Condor« oder das liegende Zicklein, »Le Cabri couché«.

1950 wurde Picasso im Château Grimaldi zum Ehrenbürger von Antibes ernannt. Erst 1966 wurde aus dem Château offiziell das Musée Picasso, das damit das erste dem Künstler gewidmete Museum überhaupt ist.

Kunst auf der Terrasse

Immer fällt der Blick aus den Fenstern aufs Meer, doch erst auf der Terrasse des Museums beginnt ein veritabler Dialog zwischen dem Tintenblau des Wassers und den draußen ausgestellten Exponanten. Skulpturen von Germaine Richier, Joan Miró, Bernard Pagès oder Anne und Patrick Poirier werfen ihre bizarren Schatten. Besonders die vier Bronzebildnisse von Germaine Richier, die fast zeitgleich mit Picassos Werken 1946, 1948 und 1955 entstanden sind, stechen vor dem Blau des Himmels und Mittelmeers hervor.

Info

Musée Picasso: Di–So Juli–Aug. 10–18, Mi, Fr bis 20, Mitte bis Ende Juni, Anfang bis Mitte Sept. 10–18, sonst 10–12, 14–18 Uhr, 6 € Eintritt, unter 18 Jahre frei.

Workshops

Les Ateliers du Musée Picasso: Pl. Mariejol, Tel. 04 92 90 54 28 (gegenüber vom Museum): Workshops für Erwachsene und Kinder zu Picasso, den Sonderausstellungen, moderner Kunst.

Strände

La Gravette: zwischen Altstadt und Jachthafen. **Plage de l'Islette:** Richtung Cap d'Antibes mit Altstadt-Blick. **Plage de la Garoupe:** Strand auf der Ostseite des Cap d'Antibes.

Sport und Aktivitäten

Freizeitpark – **Marineland:** An der N 7 Richtung Biot, La Brague, Tel. 0892 30 06 06, www.marineland.fr, 10–20, Juli/Aug. bis 22 Uhr, 29–35 €. Hochseeaquarium, Delphinshow, Schmetterlingsdschungel und Schaubauernhof.

Tauchen – **Port du Crouton:** auf der Westseite des Kaps Tauchclub **Fabulite** (150, traverse des Nielles, Tel. 04 93 61 47 45, www.fabulite.com), für alle Niveaus. Gute Spots am Cap d'Antibes.

Ausgehen

Ibiza-Feeling – **La Siesta:** Küstenstraße nach Nizza, 22–5 Uhr, www.la siesta.fr. Eine der bekanntesten Discos der Côte, Tanzflächen u. a. im Pool.

Musikbar – **L'Absinthe Bar:** 25, cours Masséna, tgl. 9–22, Sommer 23 Uhr. Nostalgische Bar unter prov. Feinkostboutique, mit Absinth-Verkostung.

Einkaufen

Krimkrams – **Trödelmarkt:** Pl. Audiberti, Do, Sa 7–18 Uhr

Information und Termine

Maison de Tourisme: 11, pl. Général de Gaulle, 06600 Antibes, Tel. 04 92 90 53 00, www.antibes-juanlespins.com. **Les Voiles d'Antibes:** Mai–Juni, Segelregatta

In der Umgebung

Juan-les-Pins

Das Örtchen ist berühmt für den Pinienwald am Strand und Europas erstes Jazz-Festival Jazz à Juan in der 2. Julihälfte (www.jazzajuan.fr). Die meisten

Der Bauch der Côte d'Azur: Auberginen stapeln sich im Dämmerlicht der Überdachung zu violetten Pyramiden, es riecht nach Cabécou-Käse, die Melonen sind reif: Der Markt unter einer Eisenkonstruktion aus der Zeit um 1900 bringt Antibes den Ruf als ›Bauch der Côte d'Azur‹ ein. Der **Marché** auf dem Cours Masséna findet Di–So 7–12.30 Uhr statt.

Konzerte finden unter den Pinien und Palmen der Pinède Gould direkt am Meer statt. Lange Starliste von Fats Domino bis Al Jarreau.

Biot

Biot liegt ca. 6 km nördlich von Antibes. *Verre bullé* heißen die von Blasen durchzogenen Glasprodukte aus der 1956 gegründeten **Verrerie de Biot** (Chemin des Combes, www.verrerie biot.com, Werksführungen und Galerie, Mo–Sa 9.30–18, Sommer bis 20 Uhr, Eintritt frei). Das von riesigen Mosaiken verzierte **Musée Fernand Léger** (Chemin du Val-de-Pome, Mi–Mo 10–18 Uhr, www.musee-fernandleger.fr, 6,50 €) zeigt über 300 seiner Werke.

Cagnes-sur-Mer

www.cagnes-tourisme.com. Das mittelalterliche Dorf **Haut-de-Cagnes** versprüht Gassencharme. In der Burg (eleganter Renaissance-Hof) **Musée de l'Olivier** (alles zur Olive) und **Musée d'Art moderne méditerranée** mit Gemälden von Dufy, Fujita, Picabia. Auf der **Domaine des Collettes** lebte der greise Auguste Renoir von 1908 bis zu seinem Tod 1919 und malte die berühmten »Grandes Baigneuses«. Atelier, Salon und Garten sind zu besichtigen (beide Mi–Mo Mai–Okt. 10–12, 14–18, sonst nur bis 17 Uhr, 6 €).

Nizza, Monte-Carlo, Menton

Nizza ▶ M 2

Früh überwinterten die ersten Engländer an der Engelsbucht – 1787 zählte man 1500 ausländische Familien. Nizza avancierte vom schmuddeligen Hafenstädtchen des Königreichs Sardinien zur mondänen Lichterstadt. Mit dem Art-déco-Bau des Palais de la Méditerranée erreichte die Epoche 1929 Höhepunkt und Ende. Später brachten politische Skandale und Schurkentum die Stadt immer wieder in die Schlagzeilen. In den letzten Jahren aber wurde die Altstadt (s. S. 99) sowie die Promenade des Anglais aufwendig saniert. Nizza ist mit 10 Mio. Flugpassagieren pro Jahr längst die Urlaubsmetropole der Riviera. Die Stadt an der ›Engelsbucht‹ ist zudem jung: 40 000 Studenten sorgen für Trubel, und die Hälfte der 345 000 Einwohner ist unter 40 Jahre.

Colline du Château [1]
Aufzug an der Tour Bellanda, 1,20 €
Auf dem Hügel über der Altstadt lag in der Antike die Wiege Nizzas. Auf der Nordseite des Hügels liegt der alte Friedhof mit dem Grab des italienischen Freiheitskämpfers Giuseppe Garibaldi.

Place Masséna [2]
Ochsenblutrotes Gebäudeensemble aus dem Jahr 1815 mit Arkaden und klassizistisch nüchternen Fassaden. Die 7 auf Masten gesetzten, nachts leuchtenden Großfiguren sind ein Werk des Spaniers Jaume Pensa.

Russisch-orthodoxe Kathedrale [3]
17, bd. du Tzarevitch, 9–12, 14.30–18 Uhr, 3€
Die mit Zwiebeltürmen gekrönte Kirche wurde ab 1903 dank Zar Nikolaus II. errichtet.

Promenade des Anglais [4]
An der Uferpromenade reihen sich die Hotelpaläste aus der Glanzzeit Nizzas aneinander: Negresco, West-End, Westminster, Royal, Palais de la Méditerranée.

Musée d'Art moderne et d'Art contemporain (MAMAC) [5]
Promenade des Arts, Di–So 10–18 Uhr, www.mamac-nice.org, Eintritt frei
Wegbereiter von Neuem Realismus bis Fluxus, allen voran Yves Klein, in spektakulärem Neubau aus 4 mit Carrara-Marmor verkleideten Türmen.

Musée des Beaux-Arts Jules Chéret [6]
33, av. des Baumettes, Di–So 10–18 Uhr, Eintritt frei
Impressionisten, Symbolisten, Keramiken von Picasso und Werke des Dekorateurs und Plakatkünstlers Chéret.

Musée Terra Amata [7]
25, bd. Carnot, Mi–Mo 10–18 Uhr, Eintritt frei
Museum zur Prähistorie, angelegt über dem Ausgrabungsgelände einer frühgeschichtlichen Jägersiedlung.

Nizza

Sehenswert
1. Colline du Château
2. Place Masséna
3. Russisch-orthodoxe Kathedrale
4. Promenade des Anglais
5. MAMAC
6. Musée des Beaux-Arts
7. Musée Terra Amata
8. Cimiez

Übernachten
1. Auberge de Jeunesse Les Camélias
2. Le Pavillon d'Armenonville
3. Le Grimaldi

Essen und Trinken
1. La Zucca Magica
2. L'Âne Rouge
3. La Merenda
4. Teresa

Siehe auch Detailkarte Altstadt S. 102

Nizza, Monte-Carlo, Menton

Die Haltestellen der im Jahr 2007 eröffneten Straßenbahn funktionieren als **8,7 km langes Open Air-Museum**. Jede Station wurde von einem international bekanntem Künstler gestaltet. Nachts werden die Werke angestrahlt. Führungen organisiert das Office de Tourisme Fr 19 Uhr, 10 € inkl. Transport.

Cimiez [8]

Es ist das Nobelviertel über der Stadt. Konservatorium und **Musée Chagall** (Ecke Av. du Dr-Ménard Mi–Mo 10–17, Sommer bis 18 Uhr, 6,50 €, erbaut für Chagalls 17-teiliges Werk »Le Message biblique«) stehen am Anfang des Boulevard de Cimiez, der bis zu den antiken Arènes, Thermen, zum **Musée d'Archéologie** (Mi–Mo 10–18 Uhr, Eintritt frei) verläuft.

Es folgen **Musée Matisse** (164, av. des Arènes-de-Cimiez, Mi–Mo 10–18 Uhr, Eintritt frei; Bronzen und meisterhafte Gemälde wie der Akt »Nu au fauteuil plante verte«) und ein Franziskanerkloster (heute **Musée françiscain**: Fresken, Mobiliar, liturgisches Gerät, (Mo–Fr 10–12, 15–17 Uhr, Eintritt frei) – der Villenhügel bedeutet eine geballte Ladung Kultur. Den Boulevard säumen Villen und ehemalige Hotelpaläste: Hôtel Regina, Winter Palace, l'Alhambra, Majestic, l'Hermitage.

Altstadt von Nizza – ein Hauch
Italianità, `direkt 14` ▸ S. 99.

Übernachten

S. a. S. 101

Jugendherberge – **Auberge de Jeunesse Les Camélias** [1]: 3, rue Spitalieri, Tel. 04 93 62 15 54, www.fuaj.org, Ü/F 22 €. Reservierung per Internet nice-camelias@fuaj-org. Ehemaliges

Hotel der Belle Époque, zentral, 3–8-Bettenzimmer. Winziger Garten.

Stadtvilla – **Le Pavillon d'Armenonville** [2]: 20, av. des Fleurs, Tel. 04 93 96 86 00, www.hotel-armenonville.com, DZ ab 60 €. Herrschaftliche Villa in versteckter Lage. Ruhig, grün, zentral.

Cosy – **Le Grimaldi** [3]: 15, rue Grimaldi, Tel. 04 93 16 00 24, www.le-grimaldi.com, DZ ab 95 €. Hohe Räume mit Stuck, neo-provenzalische Einrichtung. In Flussnähe zur Promenade des Anglais.

Verwinkelt – **Villa La Tour** [4]: s. S. 101

Essen und Trinken

Vegetarisch – **La Zucca Magica** [1]: 4bis, quai Papacino, Tel. 04 93 56 25 27, So/Mo geschl., Menü 17–29 €. Der gebürtige Römer Marco Folicaldi ist ein Koloss, dessen Liebe der vegetarischen Küche gehört. Kürbis (Zucca) steht auch auf der Karte.

Hafenblick – **L'Âne Rouge** [2]: 7, quai de Deux-Emmanuel, Tel. 04 93 89 49 63, Do Mittag, Mi geschl., Menü 23 (mittags)–68 €. Edelrestaurant am Hafen mit gutem Fischangebot.

Institution – **La Merenda** [3]: 4, rue Raoul-Bosio, Sa/So geschl., à la carte 30 €. Ex-Starkoch Dominique Lestanc serviert bodenständige Nizzaer Kost.

Socca auf die Hand – **Teresa** [4]: Bude auf dem Cours Saleya, Höhe der Chapelle de la Miséricorde, Di–So. Eine Art Pfannkuchen aus Kichererbsenmehl und Olivenöl, Porchetta, Pissaladière oder *pan Bagnat*.

[5] – [9] s. S. 102

Strände

7 km Kiesstrand mit 15 bewirtschafteten (April–Okt.) und 20 öffentlichen Strandabschnitten.

Einkaufen

S. S. 100 und 102   ▷ S. 103

14 | Ein Hauch Italianità – die Altstadt von Nizza

Karte: ▶ M 2

Seit der Sanierung der Altstadt von Nizza in den 1990er-Jahren brummt es wieder in den Gassen. Vorbei sind die Zeiten, als man das verschachtelte Viertel abends besser mied. Eins aber gilt weiterhin: Mit bunt getünchten Fassaden, Wäscheleinen über dem Kopf und Läden für frische Pasta wirkt keine Stadt an der Riviera italienischer.

Die größte Terrasse von Nizza

Tout Nice gibt sich auf dem **Cours Saleya** ein Rendezvous, auf dem täglich ein Blumen- und montags ein **Antik- und Trödelmarkt** 1 (s. S. 100) abgehalten wird. Wo früher kleine Werften ihre Schiffchen zusammenzimmerten, reihen sich Café- und Restaurantterrassen vor ockerfarbenen Barockfassaden.

Die in jubelndem Barock erbaute **Chapelle de la Miséricorde** 9 auf der Nordseite, das **Palais du Sénat** 10 mit der Chapelle du St-Suaire auf der östlichen Stirnseite sowie das zur Place Pierre Gautier etwas zurückgelegene **Palais der Präfektur** 11, in dem früher die Herzöge von Savoyen residiert haben, verleihen dem Platz eine theatralisch schöne Kulisse. Am südwestlichen Eckhaus des Cours Saleya erinnert eine Tafel an Napoleon, der hier als Oberbefehlshaber der französischen Italienarmee 1796 logierte, aber ebenfalls mit der Wirtstochter Emilia poussierte, ohne Erfolg allerdings.

Das Herz der Altstadt

Verglichen mit der Weite des Cours Saleya fällt die **Place Rossetti** eher klein aus. Den Platz mitten in der Altstadt dominiert die Kathedrale **Ste-Réparate** 12 (1650–1680), deren theatralische Barockfassade von einem strengen, separaten Campanile flankiert wird. Weithin sichtbar ist die mit buntglasierte Ziegeln gedeckte Kuppel. Im Innern

... der italienisch-savoyische Ba-... mit polychromen Balustraden und Altären auf. Auf dem Platz gibt die Eisdiele **Fenocchio** `5` den Ton an – die Schlange vor den Eisbergen nimmt kein Ende, und die Stühle auf dem Platz sind fast immer besetzt. Ab und zu schreitet ein Bewohner der Altstadt in T-Shirt, Badeshorts, Schlappen und mit dem Handtuch unterm Arm vorbei: der kurze Sprung ins Mittelmeer gehört zu den Alltagsfreuden des Vieux Nice, durch dessen Gassen man sich in wenigen Minuten zum Strand schlängeln kann. Wo die Rue Rossetti die schmalbrüstige Rue Benoît Bunico kreuzt, stauchte sich einmal das **jüdische Ghetto,** das sich bis zum Meer hin ausdehnte.

Galerienmeile

In der Rue Droite haben sich in den letzten Jahren etliche Kunstgalerien und Kunsthandwerker angesiedelt. Unter den schmalbrüstigen Fassaden springt in Nr. 15 das **Palais Lascaris** `13` ins Auge. Der Stadtpalast ist das schönste Beispiel in der Altstadt für den Genueser Barock des 17. Jh. und dient als Volkskundemuseum (Mi–Mo 10–13, 14–18 Uhr, Eintritt frei). Der Besuch lohnt sich allein wegen der prachtvollen Schautreppe sowie der vertäfelten Apotheke von 1738 und vor allem wegen der bemalten Decken im 2. Stock.

Fischmarkt und Fressgasse

Am Ende der Rue Droite stößt man auf die Place St-François mit dem morgendlichen **Fischmarkt** `2`. Die vom schmucken Platz nach Nordosten verlaufende Rue Pairolière ist ein Paradies für den Gaumen. Gemüseläden, Bäckereien und Gewürzhändlern machen die Gasse zum ›Bauch von Nizza‹. Apropos Bauch: Es wird Zeit für eine typische Nizza-Spezialität, wie etwa ein *pan Bagnat* (mit Gemüse, Oliven und Thun-fisch gefülltes, würziges Brot mit viel Olivenöl) oder besser noch eine *socca* (kräftig gepfeffertes, aus Kichererbsenmehl, Öl und Wasser gebackenes Fladenbrot), für das 1908 ein Volksaufstand auszubrechen drohte: Die Stadtväter wollten zur Aufpolierung des Images bei der reichen ausländischen Klientel die kleinen Socca-Buden schließen lassen. Die Altstadt rebellierte und isst weiterhin *socca*, so etwa bei **René Socca** `6`, wo die Köstlichkeit auf die Hand verkauft wird.

Ein Platz wie im Piemont

Die nach dem italienischen Freiheitskämpfer benannte **Place Garibaldi** `14` ist mit ihren ockerfarbenen Arkaden ein Paradebeispiel piemontesischer Platzgestaltung, das mit seinen Arkaden deutlich an Turiner Vorbilder erinnert. Kein Wunder, denn bis auf eine kurze Unterbrechung gehörte Nizza von 1383 bis 1860 zu Savoyen, dessen Hauptstadt die norditalienische Metropole war. In der Mitte des kürzlich verkehrsberuhigten Platzes thront die Statue von Garibaldi, dessen Blick sich gen Italien richtet. Abends beleuchten an die 500 Projektoren die noblen Fassaden, darunter die der barocken **Chapelle du St-Sépulcre** – die Magie von Ort und Beleuchtung verleitet dazu, auf einer der Terrassen Platz zu nehmen.

Übrigens: Der **Antik- und Trödelmarkt** `1` am Mo (8–17 Uhr) auf dem Cours Saleya ist Treffpunkt der Nizzaer Bohème, Stelldichein für Ferienhausbesitzer auf der Suche nach einem antiken Möbel und bietet viel Lokalkolorit. Gleichzeitig haben jedoch viele Läden in der Altstadt montags geschlossen – am besten, man kommt zweimal.

14 | Die Altstadt

Spezialität in Nizza: Socca auf dem Cours de Saleya

Dorfcharme
Fast wie ein Dorfplatz irgendwo im Hinterland der Riviera kommt die stille **Place Ste-Claire** daher. Ein Olivenbaum und eine Linde bieten Schatten. Trompe-l'œil-Malereien zieren die Kirchenfassade des **Couvent de la Visitation**, neben der eine steile Treppe, der Escalier Ménica Rondelly, zur **Colline du Château**, dem Burghügel ansteigt. Die Gassen weiter südlich wie die Rue des Serruriers oder die Rue de la Loge scheinen vom Touristenstrom noch nahezu unentdeckt. Man staunt über kleine, altertümliche Handwerkerateliers und steht unversehens vor der Jesuitenkirche **St-Jacques-Gesù**.

Palais an Palais
Über die für das Vieux Nice breite Rue de la Préfecture, wo sich alteingesessene Läden wie der des Schirmmachers Bestengo (Nr. 17, Mo geschl.) mit trendigen Bistros abwechseln, gelangt man auf die belebte **Place du Palais**. Samstag morgens packen Antiquare ihre bibliophilen Kostbarkeiten vor dem Palais de Justice aus. Eleganter als der neobarocke Koloss ist das **Palais Rusca** mit einem Uhrturm aus dem 18. Jh., das noble **Palais Spitalieri de Cessole** in Nr. 5. Ein weiteres Palais lohnt in der Rue Alexandre Mari einen Blick. Das **Palais Hérard** (Nr. 15) war Sitz mehrerer großer Nizzaer Familien.

Info
Office de Tourisme Nice: s. S. 103

Übernachten
Villa La Tour 4 : 4, rue de la Tour, Tel. 04 93 80 08 15, www.villa-la-tour.com, DZ je nach Saison 52–102 € oder 57–141 €. Verwinkelter Bau in der Altstadt, ehemaliges Kloster aus dem 18. Jh. Manche Zimmer buchstäblich über den Dächern von Nizza. Winzige Dachterrasse. 10 Min. zum Strand.

101

Monte-Carlo, Menton

Fenocchio 5: Place Rosetti, Nov.–Jan. geschl., 70 verschiedene Sorten Eis und Sorbets – darunter so ausgefallene Geschmackssorten wie Steinpilz, Tomate, Basilikum, Kaugummi (!) – macht die beste Eisdiele von Nizza her.

Essen und Trinken

René Socca 6; Ecke Rue Pairolière/Rue Miralhetti, Di–So 9–21 Uhr.
L'Escalinada 7: 22, rue Pairolière, Tel. 04 93 62 11 71, tgl., Menü 24 €. Die Adresse steht seit Urzeiten für unverfälschte Nizzaer Küche. Von Einheimischen gut besucht.
Grand Café de Turin 8: 5, pl. Garibaldi, Tel. 04 93 62 29 52, tgl. 10–23 Uhr, à la carte um 35 €. Eine Institution, die für ihre preisgünstigen Meeresfrüchte wohl bekannt ist.
La Cave de la Tour 9: 3, rue de la Tour. Eine Weinbar in der Altstadt, im Bistro-Look. Viele Tropfen gibt es hier auch glasweise, darunter einen AOC Bellet aus dem Nizzaer Hinterland. Leider nur Mo–Sa 7–20 Uhr.

Einkaufen

Confiserie Auer 3: 7, rue St-François-de-Paule. Spezialität der Zuckerbäckerei sind kandierte Früchte. Altmodischer Probiersalon.
Nicolas Alziari 4: 14, rue St-François-de-Paule. Exzellentes Olivenöl und Spezialitäten wie Fenchel, Knoblauch oder Kräuteröl in Blechkanistern.
Georges Bartale 5: 7, rue Ste-Réparate. Familienunternehmen, Pasta in allen Variationen. Ohne Chemie!

Ausgehen

Chez Wayne 1: 15, rue de la Préfecture, tgl. 12–2 Uhr. Headquarter der englischsprachigen Community. Hamburger, TexMex-Gerichte, Livemusik und ausgelassene Stimmung in der Bar. Mit Internetcafé im Nebenhaus.

102

Villefranche-sur-Mer

Ausgehen
S. S. 102

Information und Termine
Office de Tourisme: 5, Promenade des Anglais, 06000 Nizza, Tel. 08 92 70 74 07, www.nicetourism.biz. Zweigstellen Av. Thiers (Bahnhof), sowie am Flughafen (Terminal 1).
Karneval: Feb., Blumenkorso, Verbrennung der Statue von König Karneval am Veilchendienstag.
Fête de la Mer et de la St-Pierre: Juni, an St. Peter. Fest der Fischer mit Messe in der Kirche St-Jacques. Prozession zur Plage des Ponchettes.

Verkehr
Flugzeug: Internat. Flughafen mit Direktflügen nach Deutschland, www.nice-aeroport.fr. Busshuttle alle 30 Min.
Zug: Bahnhof, Av. Thiers, www.voyages-sncf.com, Verbindungen in alle Küstenorte von St-Raphaël bis Menton, TGV nach Paris, Metz, Lille, Genf.

In der Umgebung
Les 3 Corniches
Drei Küstenstraßen mit spektakulärem Ausblick auf die Riviera führen von Nizza nach Menton. Mit der N 98 identisch ist die sich oberhalb der Uferkante schlängelnde **Petite Corniche.** Eine Etage höher ist die 28 km lange **Moyenne Corniche** in den Felshang gehauen, deren Höhepunkt das Burgdorf **Eze** ist. Die **Grande Corniche** ähnelt einer Gebirgsstraße mit Meerblick, deren 32-km-Trasse Napoleon anlegen ließ.

Villefranche-sur-Mer
▶ M 2

Die Reede des bunt getünchten Hafenstädtchens gilt als einer der schönsten Ankerplätze der Côte d'Azur. Tief ist hier

Ab in die Berge: Der Nationalpark Mercantour (70 km nördl. von Nizza, www.mercantour.eu) ist mit den bis zu 3000 m hohen Ausläufern der Südalpen ein Revier für Climber, Biker, Wanderer (Maison de la Montagne: Tende, 11, av. du 16-Septembre-1947, Tel. 04 93 04 77 73).

das Wasser obendrein, weshalb auch der Hafen ein bevorzugter Stützpunkt der französischen Flotte war. Auf der Ostseite der Bucht strebt das Cap Ferrat weit ins Tintenblau des Wassers. Sehenswert ist die **Chapelle St-Pierre** am Quai Courbet (April–Aug. Di–So 10–12, 15–19, sonst 10–12, 14–18 Uhr, 2 €), die von Jean Cocteau ausgemalt wurde.

Übernachten
Auf Cocteaus Spuren – **Hôtel Welcome:** 1, quai Amiral Courbet, Tel. 04 93 76 93 93, www.welcomehotel.com, DZ ab 102 €. Zauberhafter Bau am Hafen. Blick aufs Cap Ferrat und die Reede.

Essen und Trinken
Tahiti-Stil – **La Mère Germaine:** 9, quai Courbet, Tel. 04 93 01 71 39, tgl. Das auf Südseehütte getrimmte Restaurant am Hafen überzeugt mit Rotbarben vom Grill und Bouillabaisse.

Strände
Plage de la Darse: Östlich des Hafens, Kieselstrand. **Cap Ferrat:** öffentliche Sandstrände Plage de Passable und Plage Paloma.

Information
Office de Tourisme: Jardin François Binon, 06230 Villefranche, Tel. 04 93 01 73 68, www.villefranche-sur-mer.com

In der Umgebung
Cap Ferrat
Die weiter südlich gelegene, von dichtem Grün und Villen überzogene Halbinsel birgt die **Villa Ephrussi** (Mitte Feb.–Nov. tgl. 10–18, sonst Mo–Fr 14–18, Sa/So 10–18 Uhr, www.villa-ephrussi.com, 10 €). Originale Inneneinrichtung und die Kunstsammlung der Milliardärin Ephrussi, geborene de Rothschild; u.a. Werke von Tiepolo u. Monet.

Von St-Jean-Cap-Ferrat führt ein **Wanderweg** um die Pointe St-Hospice mit Blick bis Monaco.

Beaulieu
In der **Villa Kérylos** gibt es antike Mosaiken und Fresken zu sehen (www.villa-kerylos.com, Feb.–Nov. tgl. 10–18, Juli/Aug. tgl. 10–19, sonst Di–Fr 14–18, Sa/So 10–18 Uhr, 8,50 €).

Eze
Vom Strand in Eze-Bord-de-Mer wirkt das alte Dorf auf der ca. 400 m hohen Felskante zum Greifen nah. Hinauf führt der schweißtreibende Wanderweg **Sentier Nietzsche**, den schon der deutsche Philosoph nahm. Die meisten reisen jedoch bequem über die mittlere Corniche (N 7) an. Im mittelalterlichen Eze-Village geht es über Treppen und Pflastersteine steil bergan. Im **Jardin Exotique** schweift Blick über Kakteen und Tropengewächse bei klarer Sicht bis nach Korsika (www.eze-riviera.com).

Monaco/Monte-Carlo
▶ N 1/2

Das Grimaldi-Imperium erstreckt sich über die unteren Ränge eines Halbrunds, das der 556 m hohe **Tête de Chien** und der 1109 m hohe **Mont Angel** beherrschen. Der Fels von Monaco ragt trutzig über dem Mittelmeer auf. Weiter östlich staksen Hochhäuser in den Himmel von Monte-Carlo, dem ›Manhattan des Mittelmeers‹.

Der Reichtum kam erst spät, denn um 1850 war das mit steinigen Böden gesegnete Fürstentum bettelarm. Dann erkannte Grimaldi-Fürst Charles III die Zeichen der Zeit und baute ein bis heute spektakuläres Spielerparadies auf. Die Anzahl der Banken ist gemessen an 32 000 Staatsangehörigen weltweit einmalig, die der Multimillionäre sowieso.

Monaco-Altstadt
Der Pavillon des Staatsrates, das Palais de Justice und die neoromanische Kathedrale mit fürstlicher Grablege (tgl. 8.30–18.30 Uhr, Eintritt frei) gruppieren sich zum Machtzentrum des Fürstentums. Durch die ordentlich herausgeputzte Altstadt gelangt man zum **Palast**. Touristischer Höhepunkt sind hier die Wachwechsel vor dem **Palais Princier** (tgl. 11.55 Uhr), dem Grimaldi-Palast mit seiner prunkvoller Innenausstattung und dem integrierten **Napoleon-Museum** (Palast April 10.30–18, Mai–Sept. 9.30–18.30, Okt. 10–17.30 Uhr, www.palais.mc, 7 €, Museum Jan. bis Anfang April, Dez. 10.30–17, April bis 18, Mai–Sept. 9.30–18.30, Okt. 10–17.30 Uhr, 4 €).

Musée océanographique
Av. St-Martin, www.oceano.mc, Kernöffnungszeiten 10–18 Uhr, 12,50 €
Bereits im Jahr 1899 wurde mit dem Bau des Musée Océanographique über der Steilklippe auf Weisung von Prinz Albert I begonnen. In insgesamt 90 Becken schwimmt vielerlei Mittelmeerfauna sowie Fische aus den Tropen und aus Amazonien.

Jardin exotique
Bd. du Jardin Exotique, Mitte Mai–Mitte Sept. 9–19, sonst 9–18 Uhr,

www.jardin-exotique.mc, 7 €
100-jährige Kakteen und Sukkulenten bevölkern den Hang des Jardin Exotique mit Blick auf Monaco. Eindrucksvoll ist die 60 m tiefe prähistorische Grotte mit Stalaktiten.

Place du Casino
Hôtel de Paris und **Café de Paris** bilden zusammen mit der ins Casino integrierten **Oper** (Salle Garnier, www.opera.mc) und natürlich dem **Casino** selbst (Juli–Aug. ab 12, sonst ab 14 Uhr, www.casinomontecarlo.com, 10 €, für die privaten Spielsäle 20 €. Ausweis erforderlich!) das Belle-Époque-Herz von Monte-Carlo.

Übernachten
Nette Lage – **Hôtel de France:** 6, rue de la Turbie, Monaco, Tel. 00 377 93 30 24 64, DZ/F ab 75 €. In ruhiger Straße zwischen Bahnhof und Hafen, nah zum Markt an der Place d'Armes.
Schick – **Columbus Hotel:** 23, av. des Papalines, Tel. 00 377 92 05 90 00, www.columbushotels.com, DZ ab 230 €. Elegantes, junges Designhotel mit Brasserie und Cocktailbar.

Essen und Trinken
Hafenblick – **Le Saint-Benoît:** 10, av. de la Costa, Tel. 003 77 93 25 02 34, Menü 27–37 €. Über dem Hafenbecken. Abends Blick von der Terrasse auf den beleuchteten Monaco-Felsen.
Legende – **Café de Paris:** Pl. du Casino, Tel. 003 77 98 06 76 23, à la carte ab 50 €. Tout Monte-Carlo trifft sich im Wintergarten oder auf der Terrasse zum Mittagessen,
Über den Dächern – **Zébra Square:** 10, av. Princesse Grâce, Tel. 003 77 99 99 25 50, tgl., à la carte um 60 €, Trendiges Lokal mit toller Terrasse über dem Meer. Tagesfrische Küche. Angesagteste Bar der Stadt.

Strände
Plage du Larvotto: zum Teil öffentlicher Sand-Kiesstrand in Monte-Carlo.
Cap d'Ail (4 km südwestl.): **Plage Mala,** kleine Badebucht, nur zu Fuß zugänglich, und **Plage Marquet,** der etwas größer ist.

Ausgehen
Stars 'N' Bars: 6, quai Antoine-Ier, Sept.–Juni Mo geschl., www.starsnbars.com. Promis wie Michael Schumacher, André Agassi oder Peter Gabriel suchen das angesagte Bar-Disco-Restaurant auf.

Information und Termine
Office de Tourisme: 2 A, bd. des Moulins, 98030 Monaco, Tel. 003 77 92 16 61 16, www.visitmonaco.com
Rallye Monte-Carlo: Mitte Jan., Autorallye.
Grand Prix: Mai, Wochenende um Christi Himmelfahrt, Formel-1-Rennen durchs Fürstentum.
Nationalfeiertag: 19. Nov., das ganze Fürstentum zeigt sich in den Nationalfarben Rot und Weiß.

Verkehr
Zug: Bahnhof, Pl. de la Gare, www.voyages-sncf.com. Verbindungen nach Nizza und Menton.

Roquebrune ► N 1

Atemberaubend erstreckt sich das Dorf mit der Burg aus karolingischer Zeit und malerischen Gassen am Felshang über der Côte (www.roquebrune-capmartin.com). Zum Ort gehört das **Cap Martin** (4 km südl.), an dem Le Corbusier 1965 ertrank (Grab des Architekten auf dem Friedhof von Roquebrune). Die schöne **Promenade Le Corbusier** führt in 2 Std. nach Monte-Carlo.

Nizza, Monte-Carlo, Menton

Der Geschmack des Südens

Die Zitrone bringt es auf 9 Varianten (mit Eukalyptus oder Rosmarin!), die Tomate immerhin auf 3 (mit Ingwer und Aubergine!), Feigen auf 5 (mit Orangenblüten!). Nichts ist unmöglich beim Konfitürenkocher Herbin. Nicht mal Rosenblätter zum Verstreichen auf dem morgendlichen Croissants.
Maison Herbin: 2, rue du Vieux-Collége, Menton, Mo–Sa 9.15–12.30, 15.15–19 Uhr. Betriebsbesichtigung 2, rue de Palmaro, Mo, Mi, Fr, 10.30 Uhr, Eintritt frei.

Übernachten und Essen

Adlerhorstlage – **Hôtel Les Deux Frères:** Le Village, Tel. 04 93 28 99 00, www.lesdeuxfreres.com, DZ ab 75, Menü 28–48 €, So abend, Di mittag, Mo geschl. Die alte Dorfschule von 1854 ist heute ein feines Hotel. Restaurant mit Blick auf die Bucht von Monte-Carlo.

Menton ▶ N 1

Die Jahresdurchschnittstemperatur des Hafenstädtchens Mentons liegt bei rekordverdächtigen 16,3 °C. Kein Wunder, dass Zitrusfrüchte und Zitronenmarmelade die bekanntesten Erzeugnisse der Stadt sind. Die schönsten Blüten hat jedoch die Belle Époque in Menton (28 000 Einw.) getrieben.

Die Gärten von Garavan
`direkt 15` S. 108

Hôtel de Ville
Place Ardoino, Mo–Fr 8.30–12, 14–16.30 Uhr, 1,50 €
Der Trausaal des Rathauses wurde von Jean Cocteau ausgemalt: auf der einen Wand ein Fischer und ein junges Mädchen auf dem Weg ins Zweierglück, auf der anderen die Orpheus-Sage.

Musée Jean Cocteau
Quai Napoleon III, Mi–Mo 10–12,

14–18 Uhr, 3 €
Ehrenbürger Jean Cocteau hat das Museum in der Bastion du Vieux Port, dem alten Hafen, gestaltet: Mosaiken aus Kieselsteinen vom Strand bedecken das Äußere. Innen fasziniert das Bodenmosaik »La Salamandre«.

Altstadt
Wie Bauklötze stapeln sich die turmhohen Häuser über dem alten Hafen. Unzählige Gassen und Treppen führen auf den Altstadthügel. Oben setzen die Bonbonnierentürme der Kirche **St-Michel** und der **Chapelle de la Conception** dem Gassenwirrwarr barocke Hauben auf. Auf dem **Cimetière du Vieux Château** liegen nach Religion und Nationalität getrennt betuchte Wintergäste aus dem 19 Jh.

Übernachten

Camping – **Camping Municipal**: Plateau St-Michel, Tel. 04 93 35 81 23, 20 €/2 Pers. Schöner Blick zur Küste. Mit etwas Glück ein Platz unter Olivenoder Eukalyptusbaum.
Jugendherberge – **Auberge de Jeunesse**: Plateau St-Michel, Rte. des Ciappes et de Castellar, Tel. 04 93 35 93 14, März–Mitte Nov., www.fuaj.org, Ü/F 17 € im Schlafsaal. Oberhalb der Stadt. Schweißtreibender Aufstieg, oder Buslinie 6 ab Gare routière.
Belle-Époque-Pracht – **Aiglon**: 7, av. de la Madone, Tel. 04 93 57 55 55,

Menton

Blick auf den Altstadthügel des Hafenstädtchens Menton

www.hotelaiglon.net, DZ ab 85 €. Noble Belle-Époque-Villa, Familienbetrieb mit Pool in Strandnähe.

Essen und Trinken
Vom Grill – **A Braijade Méridounale**: 66, rue Longue, Tel. 04 93 35 65 65, Sommer tgl abend, Sept.–Juni auch mittag, Mi geschl., Menü ab 33 €. Altstadtlokal. Grillgerichte und regionale Klassiker – Daube niçoise mit Ravioli.
Spacig – **Mirazur**: 30, av. Aristide Briand, Tel. 04 92 41 86 86, Mo u. mittags geschl. außer Sa/So Juli–Aug., Menü 35–95 €. Designerrestaurant mit Michelin-Stern.

Strände
Der Stadtstrand **Plage du Soleil** besteht aus Kiesel, der **Plage des Sablettes** hinter dem Vieux Port hingegen aus Sand.

Sport und Aktivitäten
Wassersport – **Base Nautique de Menton**: Promenade de la Mer, Tel. 04 93 35 49 70, www.menton.fr/voile. Wasserski, Segeln, Meereskajak, Lernkindergarten Les Mousillons (Schwimmen, Segeln etc., 4–11 Jahre).

Information und Termine
Office de Tourisme: 8, av. Boyer, 06500 Menton, Tel. 04 92 41 76 76, www.menton.fr
Fête du Citron: Karnevalsdienstag, www.feteducitron.com, Corso mit zitronen- und orangengeschmückten Wagen.
Festival de musique: Aug., Kammermusikfestival, teils unter freiem Himmel.
Verkehr
Züge: Bahnhof, rue de la Gare, Tel. 36 35, www.voyages-sncf.com. Verbindungen nach Nizza, Marseille, Ventimiglia.

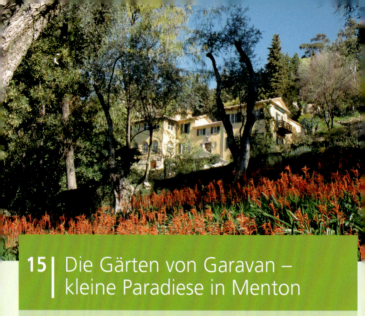

15 | Die Gärten von Garavan – kleine Paradiese in Menton

Karte: ▶ N 1

Menton, der einzige Ort Kontinentalfrankreichs, in dem Bananen zur Reife gelangen, ist wie geschaffen dafür, den Traum vom Tropengarten an der Riviera umzusetzen. Seit der Belle Époque entstand im Stadtteil Garavan ein üppig wucherndes Paradies nach dem anderen. Und wieder mal waren es gartenbegeisterte Engländer, die den Trend gesetzt haben.

In Menton ist die Luft nicht nur lau, sondern vor allem feucht, weil die nördlich der Stadt dramatisch bis zu 1377 m hoch auftrumpfenden Zacken von Mont Agel, Chaîne du Grammont und Berceau weder Mistral noch Tramontane durchlassen – die Winde hielten so manchen Wolkenbruch fern. Die schwüle Wärme, die Urlaubsgäste bisweilen ermatten lässt, bringt im Gegenzug alles Grün zum Wuchern, dies um so mehr im klimatisch sehr begünstigten Stadtteil Garavan. Die meisten Gärten liegen im Villenviertel am östlichen Stadtrand.

La Serre de la Madone – der schönste Garten von Garavan

Ab den 1920er-Jahren legte Lawrence Johnston die Serre de la Madone [1] an. Der Amerikaner mit britschem Pass verwirklichte in fünfzehnjähriger Arbeit einen 7 ha großen Garten mit fächerartig ausgebreiteten Schauterrassen. Es war nicht die erste botanische Großtat eines Mannes, der sich auf abenteuerlichen Reisen nach Südafrika und China zum passionierten Pflanzensammler entwickelt hatte. Zunächst experimentierte Johnston daheim in England mit subtropischen Stauden und Bäumen. Um sein Landhaus Hidcote Manor ließ der Weitgereiste ab 1907 einen Garten anlegen, den der National Trust später kaufte, und der heute zu den berühm-

15 | Die Gärten von Garavan

ten, mit hohem Aufwand gehegten Gärten Großbritanniens zählt.

Erst in Menton aber ließen sich die Tropenträume im Freiland verwirklichen. Johnston ging mächtig ans Werk. »Ständig trafen Pflanzen aus allen Teilen der Welt ein«, schrieb sein Chefgärtner Ingwersen Mitte der 1930er-Jahre in einem Brief. Beinah klingt es mehr entsetzt als erfreut: Mit der Akklimatisierung der Exoten auf dem 1924 an der Straße nach Gorbio erworbenen Hanggelände hatten die knapp zwei Dutzend Gärtner ihre liebe Not. Menton oblige, das Werk gelang. Alles gedieh prachtvoll – bis die drohende deutsche Besetzung den Briten zurück auf die heimatliche Insel trieb.

Lawrence Johnston kehrte nach dem Zweiten Weltkrieg in die zitronengelbe Villa oberhalb der Teichterrasse zurück, doch selbst der Verkauf von Hidcote Mannor an den National Trust 1948 gestattete ihm nur noch die Beschäftigung von 5 Gärtnern. Nach dem Tod des in Menton als ›Gentleman-jardiner‹ in Erinnerung gebliebenen, seltsam scheuen Fremden erbte eine Freundin des Mayors das Anwesen. Die testamentarische Verfügung wurde Johnstons Werk zum Verhängnis. Nancy Lindsay hatte nichts Besseres im Sinn als die Archive von Hidcote Mannor zu verbrennen. Schlimmer noch: Miss Lindsay verhökerte nach und nach die wertvollen Skulpturen und Anduze-Vasen von den Terrassen und Bassins der Serre de la Madone. Ein Trost für Gartenfreunde: Die botanischen Raritäten, die sie mit nach England nahm, kamen in gute Hände. Eine ganze Reihe von Pflanzen, die Johnston persönlich irgendwo auf der Welt erstanden hatte, gelangten durch wundersame Fügung in die Gewächshäuser des botanischen Gartens von Cambridge, wo man einige davon bis heute bewundern kann.

Schwieriges Erbe

Ein Dreiviertel Jahrhundert nach dem ersten Spatenstich für die Serre de la Madone ist der Garten ein schwieriges Erbe für Benoît Bourdeau. Seit Anfang 2000 wurde das Anwesen mühsam wieder freigelegt. Das Ergebnis ist beeindruckend, zumal der schmale Gärtner bis auf nur einige wenige saisonale Aushilfskräfte allein gegenüber 1500 Pflanzenspezies steht – Drachenbäume von den Kanaren, chinesischer Königslotus, Waldhyazinthe, algerisches Iris, libanesische Zedern.

Vor Überraschungen im Dickicht konnte Benoît Bourdeau nie ganz sicher sein. Zu den Schönsten zählen Exoten, die unzweifelhaft von Johnston gepflanzt wurden: Eine majestätische indische Magnolie oder ein syrischer Hibiskus, dessen Alter darauf schließen lässt, dass der Gartengründer Standort und Pflanze gewählt haben muss. Schließlich auch einige jahrhundertealte Olivenbäume, die Johnston aus der nahen Provence holen ließ, und die dem Jahrhundertfrost von 1984 entgingen – während in Cannes die Königspalmen verfroren.

Die Rettung für den trotz Plünderungen unerwartet hochkarätigen Bestand kam 1990 übrigens in letzter Minute. Sämtliche Pläne für den Bau eines Luxushotels auf dem Areal lagen schon vor, als vom drohenden Verlust des Gartens alarmierte Botaniker bei Jacques Lang Gehör fanden. Der damalige französische Kulturminister setzte die Serre de la Madone ohne das übliche vorhergehende Procedere und gegen den Willen des Besitzes auf die nationale Denkmalliste. Zwar konnten die Bagger gestoppt werden, doch der Garten verwilderte ein weiteres Jahrzehnt lang. Dann endlich konnte die französische Küstenschutzbehörde die Serre de la Madone erwerben.

109

Nizza, Monte-Carlo, Menton

Zitrusfrüchte und Palmen

Die Serre de la Madone ist nicht der einzige historische Garten Mentons, der auf Erlösung wartet. Ein halbes Dutzend weiterer Gärten stehen für Besucher offen, ein siebter kommt mit dem **Hanbury-Garten** 2 direkt hinter der italienischen Grenze dazu. Jeder ist eine Welt für sich, jeder ein Zeugnis der Riviera vor dem Sündenfall in Beton. Es sind in rühriger Privatinitiative geführte Oasen wie **L'Esquinade** 3, ein Akklimatisierungsgarten mit 140 Zitrus- und fast ebensovielen Palmenarten, dessen Besitzer Edouard Mazzola, kurz Doudou, sich von der Zumutung einer über die Baumkronen gebauten Autobahnbrücke nicht verschrecken lässt.

Unter Pariser Aufsicht

Einem verwunschenen Labyrinth gleicht **Le Val Rameh** 4, dessen verschlungene Pfade mit lateinischen Namen beschriftete Schildchen ausloten – der von Lord Percy Radcliff zu Anfang des vergangenen Jahrhunderts mit afrikanischen und ozeanischen Pflanzen angelegte Garten gehört seit 1967 dem Pariser Naturkundemuseum. Prunkstück unter den 700 botanischen Raritäten ist Europas einziger *Sophora toromino* im Freiland – ein Toromiro-Baum, der auf der Osterinsel beheimatet ist.

Klein Afrika

Ein Hideaway mit Meerblick ist hingegen **Maria Serena** 5, an der die ge-

Wird auch für offizielle Empfänge genutzt: die Villa Maria Serena

15 | Die Gärten von Garavan

mütliche Bimmelbahn ins italienische Ventimiglia wie ein großes blaues Reptil vorbeischleicht. In den Garten ließ sich der Panamakanal-Pionier Ferdinand de Lesseps von Garnier, dem Architekten der Opernhäuser von Paris und Montecarlo, eine Villa setzen, die heute dem Bürgermeister von Menton für offizielle Empfänge dient. Seit der Erschaffung des Gartens ist das Thermometer nie unter 5 °C gefallen – was der Maria Serena den Beinamen Petite Afrique einbrachte.

Ein Garten für Balzac, Cervantes, Dickens

Bliebe noch ein mutwillig zerschundenes Paradies: **La Fontana Rosa** 6.

Die Porträts von Balzac, Cervantes und Dickens über dem Portal haben den andalusisch inspirierten Garten als »the novelist garden«, der ›Romanciergarten‹ in der Fachliteratur eingehen lassen. Geschaffen hat den Garten 1921 der spanische Romancier Vicente Blasco-Ibanez. Noch im Zustand schlimmster Verwahrlosung legen die aus dem Wildwuchs ragenden, spanische Architekturvorlagen zitierenden Ruinen der Gartenfolies Zeugnis davon ab, welches Erbe die vom Gartenspleen befallenen Ausländer der Côte d'Azur hinterlassen haben: für Laien das Trugbild eines überseeischen Paradies, für die Fachwelt botanische Exoten, deren genaue Bestimmung Rätsel aufgeben.

Information

Serre de la Madone: 74, route de Gorbio, Tel. 04 93 57 73 90, www.serredelamadone.com, April–Okt. Di–So 10–18, Dez.–März 10–17, Führungen jeweils 15 Uhr, 8 €.
L'Esquinade: 2665, route du Super Garavan. Führungen über das Office de Tourisme.
Le Val Rameh: Av. St-Jacques, Tel. 04 93 35 86 72, April–Sept. Mi–So 10–12.30 und 15.30–18.30, Okt.–März Mi–So 10–12.30, 14–17, 6 €.
Maria Serena: 21, promenade Reine-Astrid, Führungen mit dem Service du Patrimoine de Menton, Di 10 Uhr, über Office de Tourisme, 5 €.
La Fontana Rosa: Av. Basco-Ibanez, Führungen Mo, Fr 10 Uhr, Reservierung über Office de Tourisme, 5 €.

Sprachführer Französisch

Allgemeines

Guten Tag	bonjour
Guten Abend	bonsoir
Auf Wiedersehen	au revoir
Wie geht's?	Ça va?
Danke, gut.	Merci, bien.
bitte	s'il vous plaît
danke	merci
Entschuldigung	pardon
Ich heiße …	Je m'appelle …
Wo ist …	Où est …?
Wann?	Quand?

Zeit

Sonntag	dimanche
Montag	lundi
Dienstag	mardi
Mittwoch	mercredi
Donnerstag	jeudi
Freitag	vendredi
Samstag	samedi
Feiertag	jour de fête
Minute	minute
Stunde	heure
Tag	jour
Woche	semaine
Monat	mois
Jahr	année
heute	aujourd'hui
gestern	hier
morgen	demain
morgens	le matin
mittags	à midi
nachmittags	l'après-midi
abends	le soir
vor/nach	avant/après
früh/spät	tôt/tard
Notfall	
Hilfe!	Au secours!
Polizei	police
Arzt	médecin
Unfall	accident
Panne	panne

Unterwegs

Haltestelle	arrêt
Bus	bus, car
Fahrkarte	ticket

Bahnhof	gare
Flughafen	aéroport
Auto	voiture
Eingang	entrée
Ausfahrt	sortie
bei	chez
links/rechts	à gauche/à droite
geradeaus	tout droit
hier/dort	ici/là
Stadtplan	plan de ville
Auskunft	information
Vorsicht	attention
Bank	banque
Telefon	téléphone
Telefonkarte	télécarte
Post	poste
geöffnet	ouvert
geschlossen	fermé

Einkaufen

kaufen	acheter
Geschäft	magasin
Markt	marché
bar	en espèces
Geld	argent
Scheck	chèque
Kreditkarte	carte de crédit
teuer	cher
billig	bon marché
Wieviel?	Combien?

Im Hotel

Zimmer	chambre
für eine Person	pour une personne
Bad	salle de bains
Dusche	douche
Doppelbett	grand lit
Einzelbetten	deux lits
Schlüssel	clé
Handtuch	serviette
Aufzug	ascenseur
Gepäck	bagages
Pass	passeport
Ausweis	carte d'identité
Quittung	facture
Empfang	réception
wecken	réveiller
Preis	prix

Sprachführer

Rechnung	note
Name	nom
Vorname	prénom
Ankunft	arrivée
Abfahrt	départ
Parkplatz	parking
Zelt	tente
Wohnwagen	caravan

Im Restaurant

Frühstück	petit déjeuner
Mittagessen	déjeuner
Abendessen	dîner
Mahlzeit	repas
essen/trinken	manger/boire
Tisch	table
reservieren	réserver
Messer	couteau
Gabel	fourchette
Löffel	cuillère
Teelöffel	petite cuillère
Teller	assiette
Flasche	bouteille
Glas	verre
Speisekarte	carte, menu
Weinkarte	carte des vins
Vorspeise	hors d'œuvre
Hauptgericht	plat principal
Tagesgericht	plat du jour
Nachspeise	dessert
zahlen	payer
Rechnung	addition
vegetarisch	végétarien
Wasser	de l'eau
Getränk	boisson
mit Kohlensäure	gazeux

Notfall

Hilfe!	Au secours!
Polizei	police
Arzt	médecin
Zahnarzt	dentiste
Apotheke	pharmacie
Krankenhaus	hôpital
Unfall	accident
Schmerzen	douleur
Zahnschmerzen	mal aux dents
Kopfschmerzen	mal à la tête
Sonnenbrand	coup de soleil
Sonnenschutzcreme	crème antisolaire
Pflaster	sparadrap
Panne	panne
Verband	pansement

Zahlen

1	un	17	dix-sept
2	deux	18	dix-huit
3	trois	19	dix-neuf
4	quatre	20	vingt
5	cinq	25	vingt-cinq
6	six	30	trente
7	sept	40	quarante
8	huit	50	cinquante
9	neuf	60	soixante
10	dix	70	soixante-dix
11	onze	80	quatre-vingt
12	douze	90	quatre-vingt-dix
13	treize	100	cent
14	quatorze	150	cent-cinquante
15	quinze	1000	mille
16	seize	2000	deux mille

Die wichtigsten Sätze

Wie komme ich nach …?   Comment est-ce que j'arrive à …?
Wie viel kostet das?   Ça coûte combien?
Wo finde ich…?   Où est-ce-que je trouve…
Ich brauche…   J'ai besoin de…
Wann öffnet/schließt …?   Quand ouvre/ferme …?
Haben Sie ein freies Zimmer?   Avez-vous une chambre libre?
Sprechen Sie Deutsch/Englisch?   Parlez-vous allemand/anglais?
Wo kann ich den Wagen parken?   Où est-ce-que je peux garer la voiture?
Können Sie mir helfen?   Pourriez-vous m'aider?
Hau ab!   Fiche le camp!

Kulinarisches Lexikon

Brote

fougasse mit Orangenblüten, Oliven, Sardellen oder Käse aufgebackenes Brot

pain bagnat mit Salat, Thunfisch, Olivenöl gefülltes Weißbrot

Fleisch, Geflügel und Eiergerichte

agneau Lamm

brouillade aux truffes Rührei mit Trüffel

cabri Zicklein

caille Wachtel

carré d'agneau Rippenstück aus dem Lammrücken

côte d'agneau/de bœuf/de porc Lammkotelett/Rinderrippenscheibe/Schweinekotelett

entrecôte Zwischenrippenstück

escargots Schnecken

gigot d'agneau Lammkeule

sanglier Wildschwein

Fisch und Meeresfrüchte

anchois Sardellenfilets

bar Wolfsbarsch

cabillaud Kabeljau

carrelet Scholle

coquillages Schalentiere

crabe Krabbe

(en) croûte de Sel im Salzmantel, Zubereitungsart beim Fisch

daurade (grillée) (gegrillte) Dorade

espadon Schwertfisch

filets de Sardines Sardinenfilets

fruits de Mer Meeresfrüchte

gambas Garnelen

homard Hummer

huîtres Austern

langouste Languste

langoustines Scampi

lotte Seeteufel

loup Seewolf

moules Miesmuscheln

poissons de roche kleine, in den Felsen lebende Fische, ideal für eine Bouillabaisse

rascasse Drachenkopffisch

rouget Rotbarbe

Saint-Pierre Petersfisch

saumon Lachs

seiche Sepia

sole Seezunge

thon Tunfisch

tourteau Taschenkrebs

Typische Gerichte

aïgo boulido Knoblauchsuppe

aïoli Knoblauch-Mayonnaise, serviert mit frischem Gemüse zum Eindippen

anchoïade sämige Paste aus Sardellenfilets und Olivenöl, die zu geröstetem Brot gegessen wird (zum Aperitif)

beignets de fleurs de Courgettes Zucchiniblütenkrapfen

bœuf en daube geschnetzeltes Rindfleisch mit Rotweinsauce

bouillabaisse Fischsuppe mit geröstetem Brot, Aïoli und mind. vier verschiedenen Sorten Fisch

bourride Bouillabaisse-Variante

brandade de morue Stockfisch vom Kabeljau, serviert mit Knoblauch und olivenölbeträufelten Kartoffeln

caillettes Mangold-Lammfleischbällchen mit Pinienkernen

caviar d'aubergines Auberginenkaviar (mit Tapenade verquirlt)

daube provençale Rindereintopf mit Rotwein-Olivenölsauce

fleurs de courgettes farcies Gefüllte Zucchiniblüten

grenouilles (sautées à la provençale) Froschschenkel mit Knoblauchbutter und Petersilie

lapin à la provençale Kaninchen in Senf und Weißweinsauce

lou fassoum Krautwickel (scharf gewürztes Lammhack in Kohl gewickelt)

loup au fenouil gegrillter Seewolf mit Fenchel

mesclum bunter Salat mit Blättern von Kopfsalat, Löwenzahn und mit Roquette

petites fritures winzige Fischchen, als Ganzes frittiert

petits farcis junges Gemüse, gefüllt und im Krapfen gebacken

Kulinarisches Lexikon

pieds-paquets   mit Fleisch und Gewürzen gefüllte Kaldaunen und Füße vom Schaf
pissaladiera   kleine Pizza mit schwarzen Oliven und Sardellen
pistou   Basilikumpaste
porchetta niçoise   mit Zwiebeln, Knoblauch und Gewürzen gefülltes Spanferkel
ratatouille   Gemüseeintopf
rouille   scharfe rote Knoblauchsauce, die zu Fischgerichten gereicht wird
salade niçoise   Salat aus grünen Paprikaschoten, Tomaten, Sardellenfilets, Radieschen, Thunfisch, gekochten Eiern, grünem Salat
socca   Fladenbrot aus Kichererbsenmehl
soupe au pistou   Gemüsesuppe mit Knoblauch und Basilikum
supions   kleine, in Mehl gerollte Tintenfische, die in Olivenöl frittiert werden
taboulé   Grießgericht (nordafrikanischer Ursprung), oft kalt als Salat mit Minze
tapenade   Paste aus pürierten Oliven, Sardellen, Olivenöl
tomates à la provençale   überbackene, mit Brotbröseln, Knoblauch und Petersilie gefüllte Tomaten

Gemüse und Kräuter

ail   Knoblauch
asperges sauvages   wilder grüner Spargel (klein), oft als Salat
assiette de crudités   Rohkostteller
artichaut   Artischocke
avocat   Avocado
basilic   Basilikum
blette   Mangold
câpres   Kapern
cèpes   Steinpilze
courgettes   Zucchini
fenouil   Fenchel
figues (rôties)   Feigen (als Dessert im Ofen mit einem Dessertwein gebacken)
gousse d'ail   Knoblauchzehe
marjolaine   Majoran
menthe   Minze
oignon   Zwiebel
picholine   große, grüne Olivenart
pissenlit   Löwenzahn
pistache   Pistazie
pois chiches   Kichererbsen
poivron   große Paprika
potiron   Kürbis

sariette   Bohnenkraut
sauge   Salbei
thym   Thymian
truffes   Trüffeln

Obst

abricot   Aprikose
cerises   Kirschen
figue   Feige
fraises (des forêts)   (Wald-)Erdbeeren
framboises   Himbeeren
melon   Honigmelone
pastèque   Wassermelone
pêche   Pfirsich
poire   Birne
pomme   Apfel
raisin   Weintraube

Käse

banon   Ziegenkäse im Kastanienblatt
brébis   Schafskäse
brousse   Ziegenfrischkäse
cabécou   kleiner, reifer Ziegenkäse
caillé   ganz frischer, milder Ziegenkäse
chèvre   Ziegenkäse
fromage blanc   Quark, Frischkäse
picodon   Ziegenkäse der Haute-Provence
salade de chèvre chaud   warmer Ziegenkäsesalat

Desserts

fruits confits   kandierte Früchte
marrons glacés   eingelegte, kandierte Esskastanien
nougat   weißer Nougat aus Lavendelhonig und kandierten Früchten
nougat glacé   Nougatparfait
tarte au citron   Zitronenkuchen

Getränke

bière   Bier
eau minérale   Mineralwasser
   gazeuse   mit Kohlensäure
   sans gaz   ohne Kohlensäure
eau potable   Trinkwasser
pression   gezapftes Bier
tisane/infusion   Kräutertee
vin au verre   Wein, glasweise
vin blanc   Weißwein
vin en carafe/au pichet   offener Wein
vin mousseux   Sekt
vin rosé   Roséwein
vin rouge   Rotwein

115

Register

Algerienkrieg 13
Anreise 18
Antibes **91,** 93
Antike 12
Art déco 11
Auto 18, **26**

Bäderarchitektur 11
Bahn 26
Bandol 46
Bodyboard 25
Beaulieu 104
Bertrand, Yann Arthus 59
Biot 95
Bormes-les-Mimosas 61
Bouillabaise 17
Boule 10
Bréa, Louis 92
Brecht, Bertolt 50
Bus 26

Cadarache 13
Cagnes-sur-Mer 95
Calanques 40
Calanque d'Alon 45
Calanque du Devenson 41
Calanque d'En-Vau 41
Calanque de Figuerolles 45
Calanque de la Triperie 41
Calanque de Marseille-veyre 40
Calanque de Morgiou 40
Calanque de Port-Miou 41
Calanque de Port-Pin 41
Calanque de Sormiou 40
Calanque de Sugiton 41
Callelongue 40

Camping 15
Cannes **78,** 79
– Chapelle Ste-Anne 78
– Colline du Suquet 78
– La Croisette 4, 78, **79**
– La Malmaison 81
– Musée de la Castre 78
– Notre-Dame d'Espérance 78
– Palais des Festivals 79
– Pointe de la Croisette 81
– Rue Meynadier 78
– Tour du Suquet 78
– Vieux Port 78
Cap Brégançon 21, 24, **63**
Cap Canaille 39, **43**
Cap de la Gardiole 39
Cap Ferrat 104
Cap Martin 105
Carneval 19
Cassis **39,** 40, 43
Cavalaire-sur-Mer 64
Chagall, Marc 90, 91
Chaîne des Baous 90
Chambre d'hôtes 15
Chartreuse de la Verne 68
Château de Brégançon 64
Château de La Napoule 85
Château de Léoube 64
Château de Pibarnon 48
Château de Turenne 85
Château de Villeneuve 90

Château Grimaldi 93
Christo 31
Cinsault 73
Cocteau, Jean 90, **105,** 103
Collobrières 68
Corniche des Maures 62
Corniche d'Or 77
Corso fleuri 11, 19
Côte Béton 6, 8, 13

Dalí, Salvador 56
Daragnés, Jean-Gabriel 51
Diplomatische Vertretungen 18
Drahtseilbahn 55

Einreise 18
Essen und Trinken 16, 22
Euroméditerranée 13, 30
Events 19
Exilanten 50
Eze 103, **104**

Falaises de Soubeyran 43
Feiertage 18
Ferienhäuser 15
Fernwanderweg (GR) **25,** 40, 46, 62, 69
Feste 11, 19
Fête de la châtaigne **20,** 69
Fête du Citron **19,** 110
Fête du Mimosa 19
Fête du Panier 35, **39**
Festival International d'Art pyrotechnique 20
Festival international de mode et de photographie 56

116

Register

Feuchtwanger, Lion und Marta   52
Filmfestival   19, 46, 78, 79, **80,** 84, 92
Flugzeug   18
Fondation Maeght   91
Formule 1   14
Fort de Brégancon   63
Fort de l'Etissac   59
Fort du Moulin   59
Fourches-Pass   68
Fragonard, Honoré   89
Fréjus   76
Fremdenverkehrsämter   14
Frioul-Inseln   21, **37**
Fürst Rainier von Monaco   80

Garavan   106
Garnier, Charles   92
Gassin   **72,** 74
Gault Millau   16
Geld   20
Geschichte   12
Gesundheit   **20,** 21
Giacometti, Alberto   31, 91
Giens   55, **56**
Golf   24
Gonfaron   67, **71**
Gorges du Loup   89
Grand Prix   19, 104
Grasse   **85,** 87
Grenache   75
Grimaud   70
Gros Cerveau   49

Hadid, Zaha   30
Halbinsel von Giens   55, **56**
Hanbury-Garten   110
Handicap   23
Hyères   55

Île de Bendor   49
Île de Porquerolles   57
Île d'If   37

Île du Bagaud   59
Île du Levant   **57,** 59
Îles des Embiez   49
Îles de Lérins   21, **85**
Îles d'Hyères   21, **56,** 59
Îles du Frioul   21, **37**
Île St-Honorat   85
Îlot de Jardin   63
Île Verte   46
Informationsquellen   20
Internet   21
Izzo, Jean-Claude   34

Jazz à Juan   19, 93
Johnston, Lawrence   108
Juan-les-Pins   93
Jugendherbergen   15

Kandinsky, Wassily   31
Kelly, Grace   80, 81
Kinder   21
Klein, Yves   31
Klettern   24
Klima   22
Kulinarisches Lexikon   114
Kunst   9, 31

La Cadière-d'Azur   47
La Ciotat   **42,** 43
La Fontana Rosa   111
La Garde-Freinet   68
La Madrague de Montredon   41
La Motte   75
La Serre de la Madone   108
La Théoule   74
Le Beausset   48
Le Castellet   48
Le Corbusier   32, 105
Le Fort de Port Man   59
Léger, Fernand   95
Leihwagen   27
Le Lavandou   21, **62**
Le Pont-du-Loup   91

Le Rayol-Canadel   62
Les Adrets-de-l'Estérel   77
Les Arcs sur Argens   75
Les Goudes   40
L'Esquinade   110
Les 3 Corniches   99
Le Val Rameh   110
Le Village des Tortues   70
Liégeard, Stéphen   8, 12
Logis de France   14
Ludwig XII.   53
Lumière, Auguste und Louis   45

Maeght, Aimé und Marguerite   91
Mahler-Werfel, Alma   51
Mandelieu-La Napoule   85
Mann, Erika   6, 51
Mann, Golo   51
Mann, Heinrich   51
Mann, Katia   50
Mann, Klaus   6, 51
Mann, Nelly   51
Mann, Thomas   50
Mansfield, Katherine   46
Marcuse, Ludwig   50
Maria Serena   110
Marseille   6, **30,** 34
– Cité radieuse   32
– Cours Julien   31
– Hôtel de Ville   30
– La Canebière   30
– MuCEM   31
– Musée Cantini   31
– Musée d'Archéologie méditerranéenne   35
– Musée de la Marine et de l'Economie   30
– Musée de la Mode   30
– Musée des Arts africains, océaniens, améridiens   35

117

Register

- Musée des Arts et des Civilisations de l'Europe et de la Méditerranée 36
- Musée d'Art Contemporain 31
- Notre Dame de la Garde 31
- Panier 34
- Place de Lenche 36
- Quai des Belges 30
- Strände 38
- St-Victor 30
- Vieille Charité 35
- Vieux Port 30
Massif de la Sainte Baume 44
Massif des Maures 12, 24, **68,** 70
Massif d'Estérel 77
Matisse, Henri 31, **90,** 98
Matton, Jean-Etienne und François 74
Mayer, Ernst 52
Menton **105,** 106
Mercantour (Nationalpark) 103
Michelin 16
Mietwagen 27
Miró, Joan 91, 94
Mistral 10
Mittelalter 12
Mode 56
Monaco 104
Monte-Carlo 104
Mougins 85
Moulin de St-Côme 47
Mourvèdre 73
Musée International de la Parfumerie 87

Napoleon 12, 63, 77
Napoleon III 8
Naturschutz 9
Nietzsche, Friedrich 104
Nizza 28, **96**
- Altstadt 99
- Chapelle de la Miséricorde 99

- Cimiez 98
- Colline du Château 96
- Musée Chagall 98
- Musée d'Archéologie 98
- Musée d'Art moderne et d'Art contemporain 96
- Musée des Beaux-Arts Jules Chéret 96
- Musée franciscain 98
- Musée Matisse 98
- Musée Terra Amata 96
- Palais der Präfektur 99
- Palais du Sénat 99
- Palais Hérard 101
- Palais Lascaris 100
- Palais Rusca 101
- Palais Spitalieri de Cessole 101
- Place Garibaldi 100
- Place Masséna 96
- Promenade des Anglais 96
- Russisch-orthodoxe Kathedrale 96
- St-Jacques-Gesù 101
Notfälle 23
Notrufnummern 23
Nouvel, Jean 30

Öffnungszeiten 9

Pannenhilfe 27
Parc National de Port-Cros 58
Parfum 86
Parkverbot 27
Pétanque 10
Picasso, Pablo 85, 94
Pierrefeu-du-Var 68
Plateau Lambert 69

Pomègues 37
Port-Cros 58
Port-la-Galère 77
Preisniveau 16

Räderscheidt, Anton 52
Radfahren 24
Ratonneau 37
Rauchen 23
Rauschenberg, Robert 31
Reiseinfos 18
Reisezeit 22
Relais du Silence 14
Renoir, Auguste 95
Reservierung 16
Restaurantkodex 16
Revolution 12
Ricard, Paul 9, 49
Roquebrune 105
Rothko, Mark 31
Route des Crêtes **43,** 68
Route des Rosés 64

San Nazari s. Sanary-sur-Mer
Salberg, Ilse 52
Sanary-sur-Mer 49, 50
Schickelé, René 52
Schiff 27
Schildkröten 70
Schnorcheln 45, 58
Segeln 25
Sémaphore 44
Sicherheit 23
Spezialitäten 17
Sport 23
Sprachführer 112
St-Aygulf 76
Ste-Maxime 72
St-Clair 62
St-Cyr 47
St-Paul-de-Vence 90
St-Raphaël 72
St-Tropez 65
- Altstadt 65
- Cimetière Marin 65
- La Citadelle 65

Register

- Musée de l'Annonciade 65
Sumeire, Régine 75
Surfen 25
Syrah 75

Taradeau 77
Tauchen **25,** 38, 58, 60
Taxi 26
Telefon 26
Thalassotherapie **24,** 42

Théoule-sur-Mer 85
Toulon 53

Übernachten 14, 22
Umwelt 27

Vallauris 85
Vence 90
Verkehrsmittel 26
Verkehrsregeln 27
Villa Ephrussi 104
Villa Kérylos 104
Villefranche-sur-Mer 103
Waldbrand 10

Wandern **25,** 43, 60, 62, 66, 104
Wein 6, 17, 42, 46, 47, **73**
Weindel, Paul 74
Weltkrieg, Erster 13
Weltkrieg, Zweiter 13, 50
Werfel, Franz 50
Wirtschaft 10

Zoll 18
Zweig, Stefan 51
Zug 18

Das Klima im Blick — atmosfair

Reisen bereichert und verbindet Menschen und Kulturen. Wer reist, erzeugt auch CO_2. Der Flugverkehr trägt mit einem Anteil von bis zu 10 % zur globalen Erwärmung bei. Wer das Klima schützen will, sollte sich für eine schonendere Reiseform (z. B. die Bahn) entscheiden – oder die Projekte von *atmosfair* unterstützen. *Atmosfair* ist eine gemeinnützige Klimaschutzorganisation. Die Idee: Flugpassagiere spenden einen kilometerabhängigen Beitrag für die von ihnen verursachten Emissionen und finanzieren damit Projekte in Entwicklungsländern, die dort den Ausstoß von Klimagasen verringern helfen. Dazu berechnet man mit dem Emissionsrechner auf *www.atmosfair.de*, wie viel CO_2 der Flug produziert und was es kostet, eine vergleichbare Menge Klimagase einzusparen (z. B. Berlin – London – Berlin 13 €). *Atmosfair* garantiert die sorgfältige Verwendung Ihres Beitrags. Klar – auch der DuMont Reiseverlag fliegt mit *atmosfair!*

Autor | Abbildungsnachweis | Impressum

Unterwegs mit Klaus Simon

Klaus Simon ist Journalist und ausgewiesener Frankreichexperte. Im DuMont Reiseverlag erschienen von ihm unter anderem die Reisehandbücher Provence/Côte d'Azur, Languedoc–Roussillon, die DuMont-Direkt-Bände Provence, Marseille und Normandie, der Bildatlas Paris sowie die Reise-Taschenbücher Burgund und Normandie.
An die Côte d'Azur reist Klaus Simon seit über 20 Jahren. Von seinen zahlreichen Reisen in den Süden Frankreichs brachte er neben Wein und guter Laune den Wunsch mit, noch öfter das Leben an der blauen Küste zu genießen.

Abbildungsnachweis

Bildagentur Huber, Garmisch-Partenkirchen: S. 50 (Cogoli); 28/29 (Raccanello); 110
DuMont Bildarchiv, Ostfildern: S. 31, 41 (Gerth); Umschlagklappe vorne, 7, 51, 58, 73, 87, 91, 107 (Wackenhut)
laif, Köln: S. 99 (Bungert); 108 (Gamma/Kubacsi); 47, 63, 93 (hemis.fr/Moirenc); 74 (Hilger); 61, Umschlagrückseite (Hoa-Qui/ Thomas); 25 (Jarry et Tripelon); 34 (Knechtel); 43 (Krinitz); 70 (Nosten); 86 (REA); 81 (Schwartz); 79 (Signatures/Lambours); 11 (Sioen/Rapho); 4/5, 101 (Valentin)
Mauritius, Mittenwald: Titelbild (Axiom Photographic)
Klaus Simon, Köln: S. 120

Kartografie

DuMont Reisekartografie, Fürstenfeldbruck
© DuMont Reiseverlag, Ostfildern

Umschlagfotos

Titelbild: Nizza, Promenade des Anglais
Umschlagklappe vorne: Boot vor der Küste Monacos

Hinweis: Autor und Verlag haben alle Informationen mit größtmöglicher Sorgfalt geprüft. Gleichwohl sind Fehler nicht vollständig auszuschließen. Alle Angaben erfolgen ohne Gewähr. Bitte schreiben Sie uns! Über Ihre Rückmeldung zum Buch und Verbesserungsvorschläge freuen sich Autor und Verlag:
DuMont Reiseverlag, Postfach 3151, 73751 Ostfildern,
info@dumontreise.de, www.dumontreise.de

1. Auflage 2011
© DuMont Reiseverlag, Ostfildern
Alle Rechte vorbehalten
Redaktion/Lektorat: Christine Traber
Grafisches Konzept: Groschwitz/Blachnierek, Hamburg
Printed in Germany